Primal B. Patel
Hiren D. Patel

Análise da situação da sub-bacia do rio MEJ

Primal B. Patel
Hiren D. Patel

Análise da situação da sub-bacia do rio MEJ

ScienciaScripts

Imprint

Cover image: www.ingimage.com

This book is a translation from the original published under ISBN 978-3-659-85356-2.

Publisher:
Sciencia Scripts
is a trademark of
Dodo Books Indian Ocean Ltd. and OmniScriptum S.R.L publishing group

120 High Road, East Finchley, London, N2 9ED, United Kingdom
Str. Armeneasca 28/1, office 1, Chisinau MD-2012, Republic of Moldova, Europe
Managing Directors: Ieva Konstantinova, Victoria Ursu
info@omniscriptum.com

Printed at: see last page
ISBN: 978-620-8-37697-0

Conteúdo

Agradecimentos

Todos os projectos, grandes ou pequenos, são bem sucedidos em grande parte devido ao esforço de um número de pessoas maravilhosas que sempre deram os seus valiosos conselhos ou deram uma mãozinha. Agradeço sinceramente a inspiração, o apoio e a orientação de todas as pessoas que foram fundamentais para o êxito deste projeto.

Eu, Primal Patel, estudante de **Tecnologia da Informação Agrícola (B.Tech)**, estou extremamente grato à Fundação para a Segurança Ecológica pela confiança que me foi depositada e por me ter confiado o meu projeto intitulado **"Análise da situação da sub-bacia do rio MEJ"**.

Neste momento, sinto-me profundamente honrado em expressar os meus sinceros agradecimentos ao **Dr. Subrata Singh**, por me ter dado esta oportunidade de concluir este projeto na FES.

Estou muito grato ao **Sr. Chiranjit Guha** pela orientação e supervisão constante, bem como por fornecer as informações necessárias sobre o projeto e também pelo apoio na conclusão do projeto.

Gostaria de expressar o meu grande apreço a **Mahesh Jadav, Anand Biswas, Ashish Parmar e Sunil Parmar** pelas suas sugestões valiosas e construtivas durante o trabalho do projeto. A sua disponibilidade para disponibilizar o seu tempo de forma tão generosa foi muito apreciada.

Agradeço também ao meu orientador de projeto, **Dr. H. K. Patel**, e a outras faculdades da faculdade, que me ajudaram a compilar o projeto.

Por último, mas não menos importante, agradeço profundamente aos meus queridos pais e amigos que têm sido uma fonte constante de inspiração durante a preparação deste trabalho de projeto.

FES

FOUNDATION FOR ECOLOGICAL SECURITY

Perfil da organização

A FES trabalha para a restauração ecológica e a conservação da terra e dos recursos hídricos nos planaltos e noutras zonas eco-frágeis, degradadas e marginalizadas do país, e para estabelecer os processos de coordenação do esforço humano e da governação. O nosso trabalho com a terra, a água e as pessoas rege-se por uma compreensão profunda das inter-relações entre os sistemas naturais e humanos, entre os diferentes ecossistemas de uma paisagem e entre os diferentes elementos de um ecossistema, bem como das interligações entre a água, os baldios, as florestas, a pecuária e a agricultura. Nos nossos esforços de recuperação de paisagens, reunimos as dimensões ecológica e sócio-institucional na gestão dos recursos naturais.

A FES acredita que, nos sistemas de subsistência rural, as infra-estruturas devem ser entendidas em termos de solo, água, nutrientes, biomassa e biodiversidade - todos eles fundamentais para a viabilidade dos sistemas agrícolas e, por conseguinte, críticos tanto em termos de políticas públicas como de investimentos públicos. A água é um bem comum e, para isso, a FES acredita na governação da água como um regime de propriedade comum. Acreditamos também que as instituições das aldeias são a infraestrutura social necessária para a boa governação da terra e dos recursos hídricos.

A FES está a trabalhar em diferentes partes de 5 bacias hidrográficas (Mahi em Udaipur e Pratapgarh, Ganges em Bhilwara, Narmada em Mandla, MP, Godavari em Yavatmal, Maharashtra e Pennar em A.P e Karnataka) no âmbito do projeto Water commons. As questões relacionadas com a água nestas bacias têm estado no centro de muitos debates e acções públicas nas últimas duas décadas. A maior parte do debate, desencadeado pelas agitações dos agricultores, centrou-se na questão da poluição da água; as questões da escassez de água e da sustentabilidade receberam relativamente pouca atenção. O objetivo da análise da situação é resumir o estado atual do conhecimento relativo à gestão dos recursos hídricos na sub-bacia e identificar lacunas críticas de conhecimento para informar a investigação relacionada com a água na bacia.

Preâmbulo

O Rajastão é o maior Estado da Índia, com uma superfície terrestre de 3 42 239 km2 e uma população de 68,21 milhões de habitantes, dos quais 51,54 milhões são rurais e 17,08 milhões urbanos (de acordo com os resultados do Censo da Índia de 2011). Possui apenas 1% de recursos hídricos, enquanto a área total é de 10,41% e a população total é de 5% de todo o país. Doze distritos do Estado, que representam 60% da superfície, estão situados no Grande Deserto Indiano de Thar, onde reside 64% da população, apesar da escassez de chuvas, com todas as suas variações, tempos e intensidade. Este é o deserto mais populoso do mundo.

A bacia hidrográfica do rio MEJ está localizada na parte oriental de Mandalgarh Tehsil, no distrito de Bhilwara, e situa-se entre 25°41'N 76°18'E/ 25.683°N 76.300°E. A bacia do rio MEJ é abrangida pelo distrito de Bhilwara do Rajastão e foi selecionada para o estudo dos recursos hídricos e para descobrir actividades baseadas no local que procuram promover a sustentabilidade através do desenvolvimento e da aplicação de abordagens técnicas, económicas, organizacionais e políticas integradas à gestão integrada dos recursos hídricos (GIRH).

Após a demarcação dos limites da bacia, foram selecionadas aldeias, espacialmente distribuídas e localizadas em diferentes Tehsil em diferentes locais da bacia, para realizar o estudo primário. Para o estudo primário nas aldeias selecionadas, foram utilizadas diferentes ferramentas, como o perfil da aldeia, a sazonalidade, a análise dos problemas, a discussão em grupo com as pessoas, etc., para compreender a realidade das condições socioeconómicas na bacia do rio MEJ. Além disso, foi efectuado um inquérito às famílias da amostra e, para realizar o mesmo, foi preparado e utilizado um formato de inquérito.

Foram recolhidos e compilados dados demográficos secundários relativos à aldeia, tais como agregados familiares/famílias, população, rácio entre os sexos, taxa de alfabetização, população SC & ST, população ativa. Fontes de água, qualidade da água, etc. Os dados recolhidos das fontes primárias e secundárias foram compilados e analisados para projetar a condição socioeconómica das comunidades que vivem nas aldeias da bacia hidrográfica do rio MEJ.

Capítulo - 1 Introdução

Uma bacia hidrográfica é a porção de terra drenada por um rio e seus afluentes. Abrange toda a superfície terrestre dissecada e drenada por muitos riachos e ribeiros que correm uns para os outros e, eventualmente, para um rio. O destino final é um oceano. Tal como uma banheira apanha toda a água que cai nos seus lados, uma bacia hidrográfica envia toda a água que cai nas terras circundantes para um rio central e para o mar. Dependendo da área da bacia, os rios indianos foram divididos nas três categorias seguintes:

Bacia hidrográfica na Índia

S.N.	Bacia hidrográfica	Área (km2)	Número
1	Major	Igual ou superior a 20.000	13
2	Médio	Entre 2000 e 20.000	45
3	Menor	Menos de 2000	55

Quadro 1.1 Bacias hidrográficas na Índia

Fonte: Conselho Central de Controlo da Poluição, Deli.

De acordo com a classificação das bacias hidrográficas com base na área, a bacia do rio MEJ pode ser classificada como uma bacia menor. As diferentes caraterísticas da bacia do rio MEJ foram decifradas nas secções seguintes.

A bacia do rio MEJ situa-se a leste de Mandalgarh Tehsil, no distrito de Bhilwara, entre 25°41N 76°18'E/ 25.683°N 76.300°E. O rio MEJ é um dos afluentes da bacia do rio Chambal. Ocupa uma área total de 352 quilómetros quadrados e 98% das suas áreas são abrangidas pelo distrito de Mandalgarh do Rajastão, enquanto os restantes 2% são abrangidos por Beejoliya e Jahazpur. Existem 49 aldeias na bacia do rio MEJ.

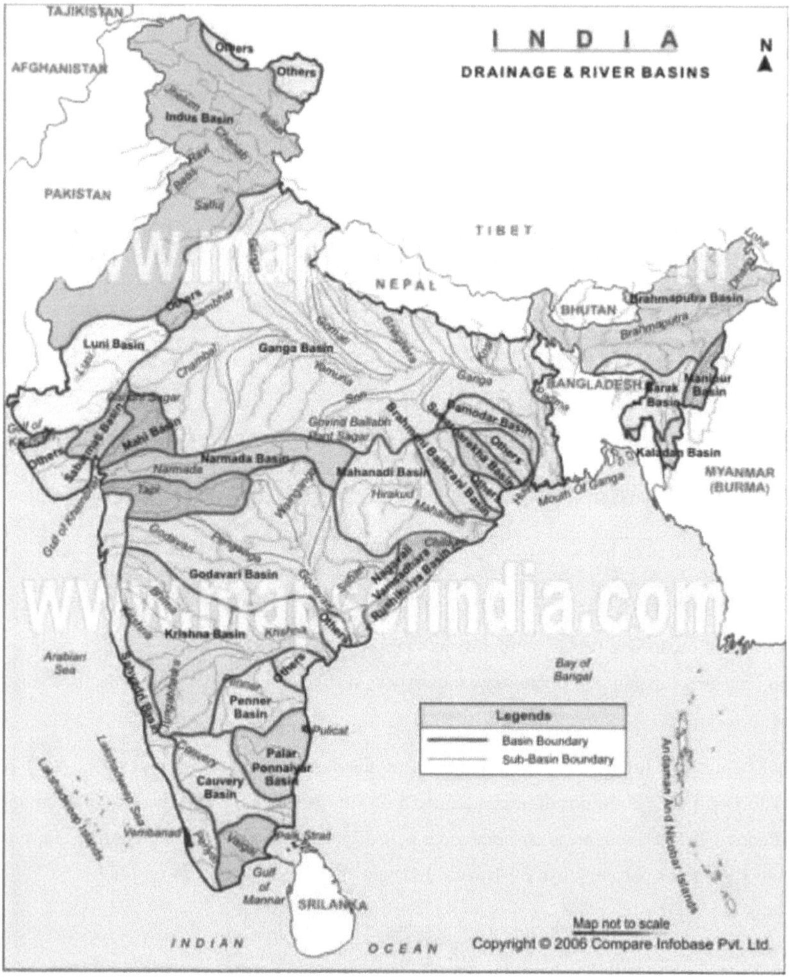

Fig 1.1 Mapa da bacia hidrográfica da Índia

1.1 Âmbito de aplicação

As bacias hidrográficas são desenvolvidas para atingir determinados objectivos como a prevenção de inundações, a produção de energia, o abastecimento de água para uso agrícola, industrial e doméstico, a pesca, etc. Se estes objectivos forem atingidos, contribuirão para o desenvolvimento económico, ao mesmo tempo que o nível de vida da população residente aumentará. Contrariamente, se estes objectivos não forem atingidos, verificar-se-ão efeitos secundários como a proliferação de doenças, a proliferação da macro ou microflora, a deslocação de pessoas e efeitos adversos na dinâmica do rio. O desenvolvimento económico e a qualidade de vida acabarão por ser afectados. É necessário um planeamento adequado e abrangente para maximizar os efeitos positivos e minimizar os adversos.

1.2 Objetivo

O objetivo do projeto é estudar a análise da situação da sub-bacia do rio MEJ em termos de água e agricultura

Capítulo - 2 Formação empreendida

2.1 O que é o SIG?

Um sistema de informação geográfica (SIG) é um sistema concebido para captar, armazenar, manipular, analisar, gerir e apresentar todos os tipos de dados espaciais ou geográficos. O acrónimo GIS é por vezes utilizado para designar a ciência da informação geográfica ou os estudos de informação geoespacial, para referir a disciplina académica ou a carreira de trabalho com sistemas de informação geográfica e é um grande domínio dentro da disciplina académica mais vasta da Geoinformática.

Os cinco principais benefícios do GIS

O SIG beneficia organizações de todas as dimensões e em quase todos os sectores. Existe uma consciência crescente do valor económico e estratégico do SIG. Os benefícios do SIG dividem-se geralmente em cinco categorias básicas:

- Poupança de custos e aumento da eficiência
- Melhor tomada de decisões
- Melhoria da comunicação
- Melhor manutenção de registos
- Gestão geográfica

O que pode fazer com o GIS?

O SIG dá-nos uma nova forma de olhar para o mundo que nos rodeia. Com o SIG pode:

- Mapear onde estão as coisas
- Quantidades do mapa
- Densidades do mapa
- Descubra o que está dentro
- Encontrar o que está próximo
- Mudança de mapa

2.2 Software GIS

Existem muitos softwares GIS disponíveis no mercado, mas aqui está uma lista de alguns softwares GIS conhecidos:

- ArcGIS
- Quantum GIS (QGIS)
- ERDAS IMAGINE

- ILWIS
- GRASS GIS
- iGIS

Software utilizado para o projeto

- ArcGIS 9.3
- Microsoft Office 2013
- Navegador Web

Aprendizagem de software GIS

Inicialização

O primeiro passo é iniciar o software ArcGIS 9.3 fazendo duplo clique no ícone do software. De seguida, é necessário clicar na opção "add data" (adicionar dados) e importar os dados que pretendemos analisar.

Aprenderam diferentes caraterísticas

> Dados de carga

> Georeferenciação

> Juntar dados

> Dissolver

> Fundir

> Recorte

■ Dados rasterizados

■ Dados vectoriais

> Interpolação

■ Krigagem

> Análise de superfície

■ Contorno

■ Sombra da colina

Como é que o ArcGIS foi utilizado para o estudo?

Com a ajuda de diferentes funcionalidades do ArcGIS 9.3, preparámos diferentes mapas, como o mapa da irrigação por diferentes fontes (canal, poço, poço tubular, etc.), o mapa da área florestal, o mapa do lençol freático utilizando a funcionalidade de contorno, o mapa da qualidade da água utilizando a funcionalidade de interpolação e o mapa topográfico utilizando a análise de superfície.

Utilizando as melhores caraterísticas, preparámos um mapa que é útil para interpretar facilmente os dados.

Capítulo - 3 Bacia hidrográfica do rio Mej: Um Breve Perfil

3.1 Localização

A localização do rio Mej situa-se no extremo leste do Tehsil Mandalgarh do distrito de Bhilwara, Rajastão. A bacia hidrográfica do rio MEJ insere-se em 3 tehsils, ou seja, Mandalgarh, Beejoliya, Jahazpur, Tehsil do distrito de Bhilwara do Rajastão. O rio MEJ é um dos afluentes da bacia hidrográfica do rio Chambal.

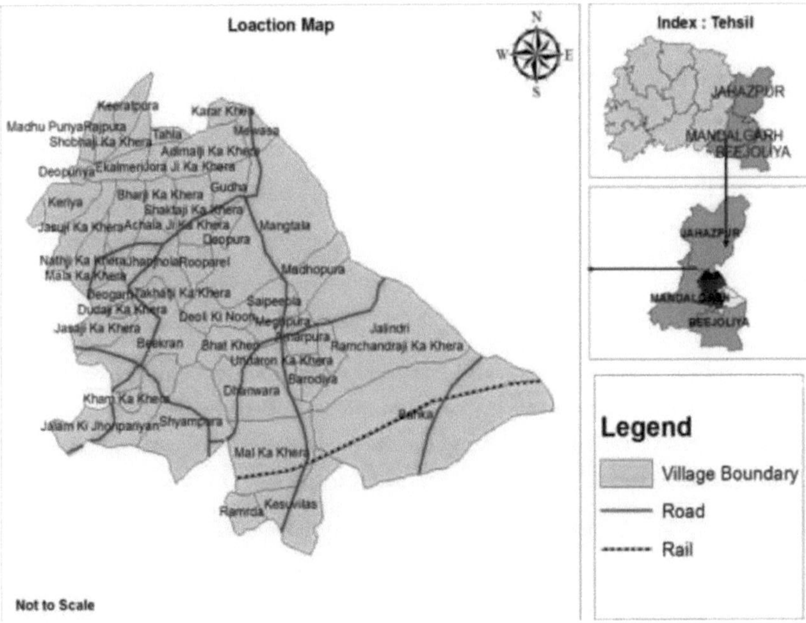

Fig 3.1 Mapa de localização da bacia hidrográfica do rio Mej

3.2 Área geográfica

A bacia hidrográfica do rio MEJ tem uma área de 352 quilómetros quadrados, no estado do Rajastão. No distrito de Bhilwara, a bacia é totalmente abrangida pelos tehsil de Mandalgarh, Beejoliya e Jahazpur. O quadro e o diagrama seguintes destacam a distribuição da área total da bacia do rio MEJ em diferentes tehsils.

Fonte: waterresources.rajasthan.gov.in

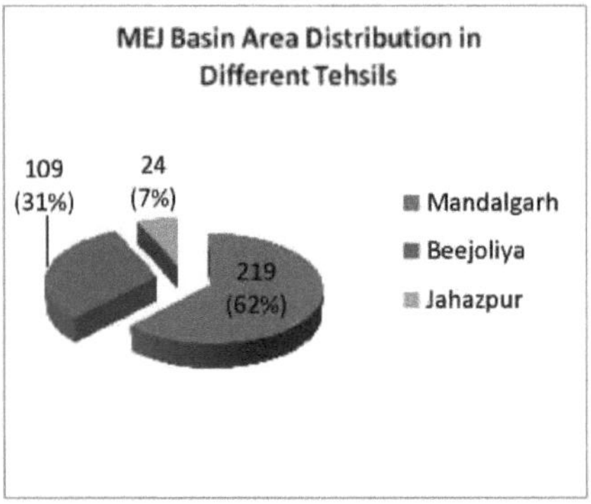

Tehsil	Area (Sq. Km)		%
	Total	MEJ	
Mandalgarh	853.4	219.03	25.67
Beejoliya	595.96	108.96	18.28
Jahazpur	1065.51	24.14	2.26
Total	**2514.47**	**352.13**	**14**

Fig 3.2 Distribuição da bacia hidrográfica do rio Mej em diferentes Tehsil Tab 3.1 Distribuição da bacia hidrográfica do rio Mej em diferentes Tehsil

Fonte: Censo 2011

3.3 Utilização e ocupação do solo

A imagem de satélite da bacia hidrográfica do rio MEJ foi acedida e processada para conhecer as classes de uso e ocupação do solo na bacia. A bacia hidrográfica do rio MEJ é comparativamente rica em recursos florestais, que constituem 43% da área total da bacia hidrográfica do rio MEJ. As classes de uso e ocupação do solo na bacia hidrográfica do rio MEJ estão representadas no mapa (fig. 3.3). Uso do solo:-

- A área de cultivo **duplo/triplo** é mais elevada na parte sudeste da bacia hidrográfica do rio Mej.
- A área **exclusiva da Kharif** é mais elevada na parte noroeste da bacia hidrográfica do rio Mej.
- A área de **Rabi** é menor do que a área de cultivo de kharif.
- A área de cultivo de **Zaid** é nula ou muito reduzida em comparação com a área de cultivo de kharif e Rabi.
- Os **pousios actuais** são mais elevados na parte nordeste da bacia hidrográfica do rio Mej.

Cobertura do solo:-

- **A pastagem** é inexistente ou não se encontra na área de captação.
- **Outros terrenos baldios** são mais elevados na parte sudeste da bacia hidrográfica do rio Mej.
- Também se encontram **matagais** em algumas partes da bacia hidrográfica.
- Existem **massas de água** na bacia hidrográfica do rio Mej.
- **Os matos/florestas degradadas** encontram-se na parte norte e sudoeste da bacia hidrográfica.

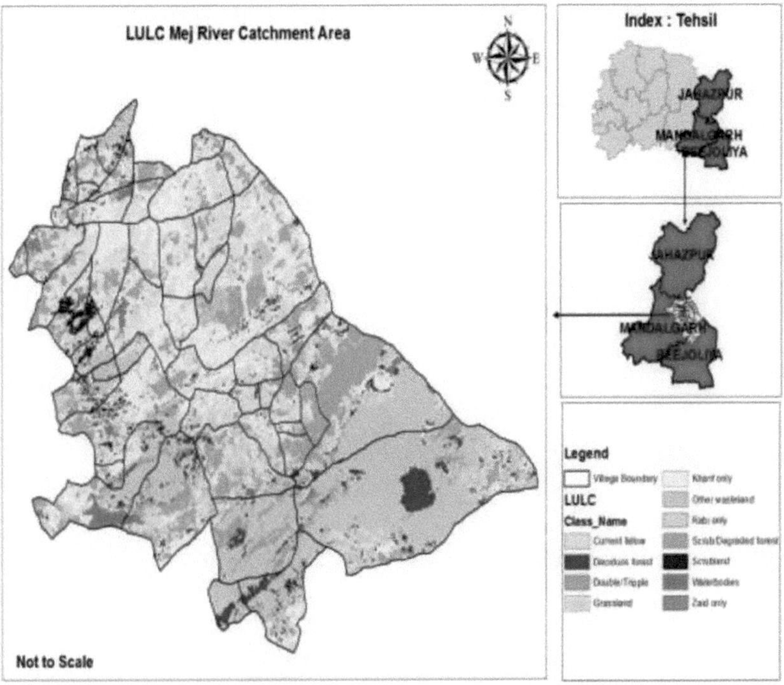

Fig 3.3 Mapa de uso e ocupação do solo da bacia hidrográfica do rio Mej

3.4 Floresta

A área florestal é maior nas seguintes aldeias: Banka, Jalindri, Kesuvilas, Ramrda, Ramchandraji Ka Khera, Ekalmeri, Tahla e Saipeepla.

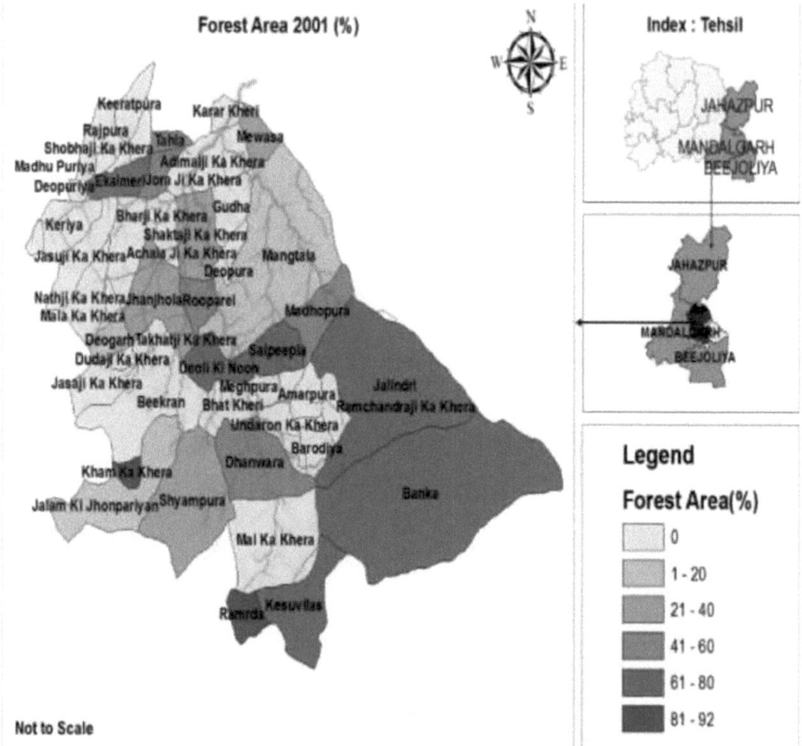

Fig 3.4 Área florestal na bacia hidrográfica do rio Mej

3.5 Topografia e drenagem

Topografia:-

Topograficamente, o rio Mej situa-se na parte oriental extrema do Tehsil Mandalgarh e continua a fluir na direção leste-oeste-norte. A maior parte das zonas montanhosas situa-se na parte sudeste da zona do projeto e a sua altitude varia entre 308 e 567 metros.

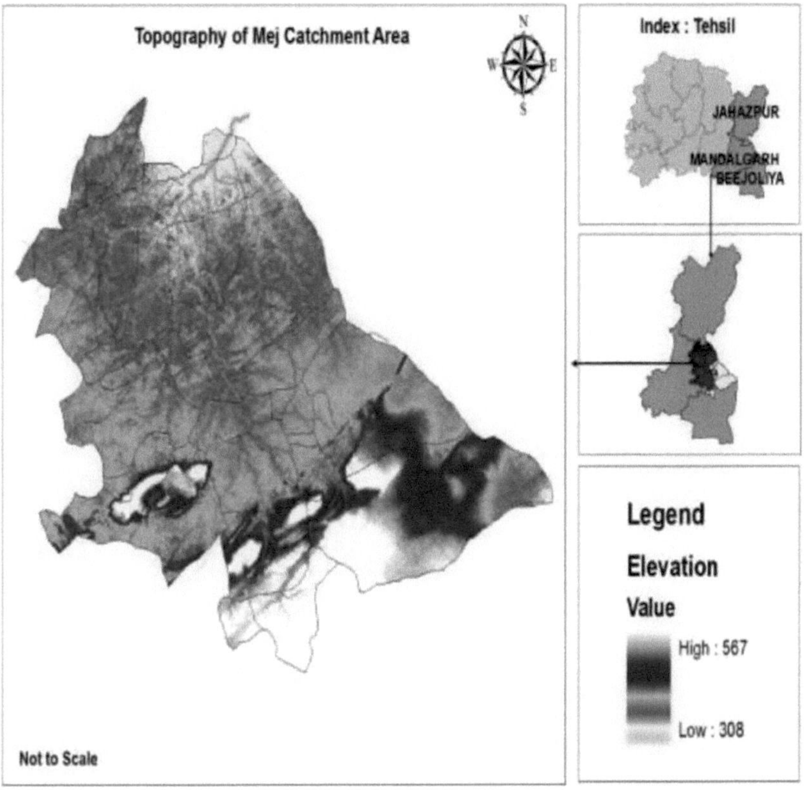

Fig 3.5 Topografia da bacia hidrográfica do rio Mej

Drenagem:-

O rio Mej situa-se no extremo leste do Tehsil Mandalgarh do distrito de Bhilwara e junta-se ao rio Chambal perto da aldeia de Bhaius Khana no distrito de Kota. O rio MEJ é um dos afluentes da bacia do rio Chambal. A bacia hidrográfica do rio Mej estende-se pelo distrito de Bhilwara, pelo distrito de Bundi e pelo distrito de Tonk do Rajastão.

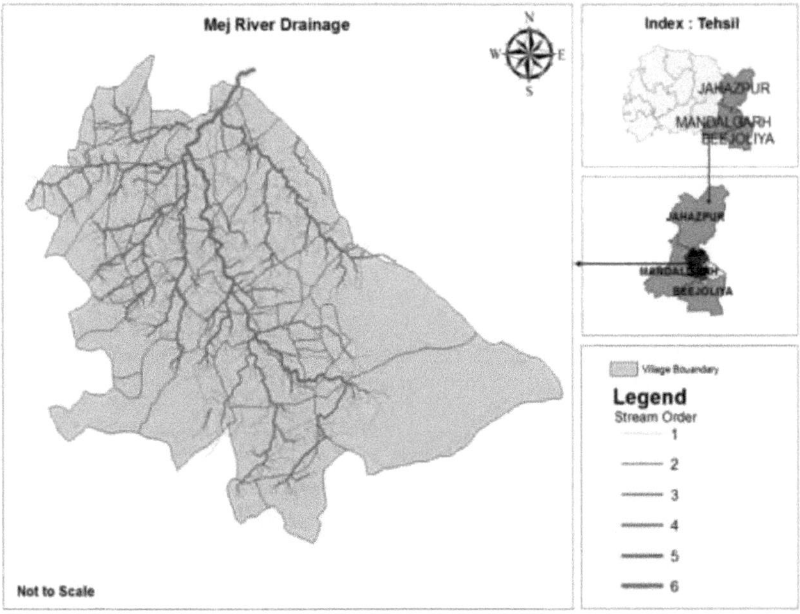

Fig 3.6 Padrão de drenagem da bacia hidrográfica do rio Mej

3.6 Bacia hidrográfica

Existem 53 bacias hidrográficas na bacia hidrográfica do rio Mej. Das 53 bacias hidrográficas, 47 bacias hidrográficas estão situadas no tehsil de Mandalgarh e 6 bacias hidrográficas estão situadas no tehsil de Jahazpur, distrito de Bhilwara, Rajastão.

Nota: - Valor1/Valor2= Macro/Micro

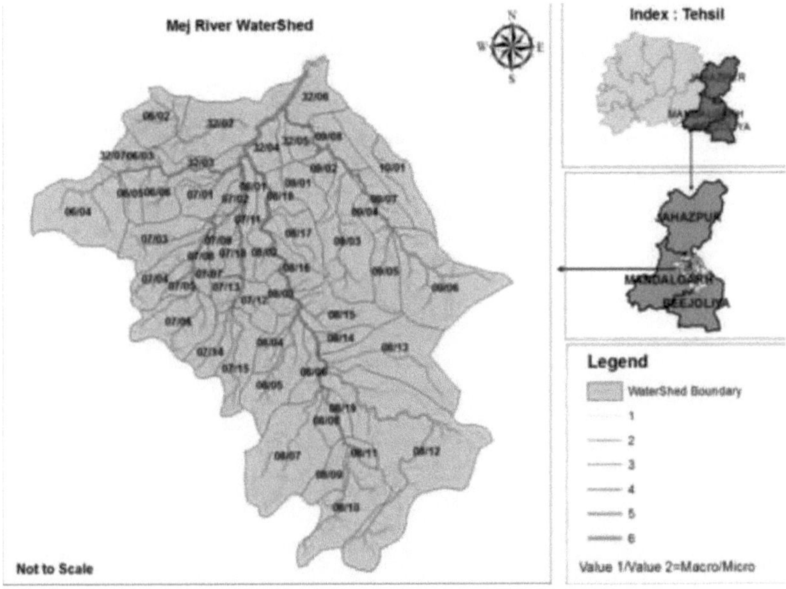

Fig 3.7 Mapa da bacia hidrográfica do rio Mej

3.7 Clima

O clima do distrito de Bhilwara é moderado, sem variações sazonais significativas. janeiro é o mês mais frio, com temperaturas que variam entre 22,2° C e 7,3° C. maio é o mês mais quente do ano, com temperaturas que variam entre 39,5° C e 27,3° C, respetivamente. A temperatura nocturna em junho é relativamente mais elevada do que em maio. Com o início da monção do sudoeste, por volta de meados de junho, a temperatura desce consideravelmente. A bacia do MEJ recebe precipitação principalmente da monção do sudoeste durante os meses de junho a setembro. A humidade relativa é elevada de julho a setembro.

A precipitação média anual (2000-2015) do Tehsil de Mandalgarh é de 728 mm, enquanto a precipitação normal é inferior à precipitação média e situa-se em 603,3. Quase 95% da precipitação anual total é recebida durante a monção do sudoeste, que entra no Tehsil na última semana de junho e se retira em meados de setembro.

A precipitação média na região é de 728 mm. A precipitação da área do projeto nos últimos quinze anos é de 728 mm, sendo que a precipitação máxima ocorre no mês de julho. A precipitação da área do projeto qualifica-a como uma área propensa à seca, recebendo uma baixa precipitação média e uma elevada dependência das chuvas de monção. Quando uma depressão atinge a área, esta recebe chuvas abundantes; caso contrário, está sujeita a uma seca prolongada. Pode dizer-se que as depressões das monções são o único fator que controla a distribuição da precipitação, afectando tanto a pecuária como a agricultura. As interrupções prolongadas das monções são susceptíveis de ocorrer durante o mês de meados da monção, ou seja, agosto. Quando uma pausa prolongada ocorre durante o mês de julho, no início da época de cultivo, os seus efeitos nas culturas são bastante prejudiciais.

Precipitação média na área do projeto nos últimos quinze anos			
Ano	**Mandalgarh Precipitação (mm)**	**Bijoliya Precipitação (mm)**	**Jahazpur Precipitação (mm)**
2001	683	1012	833
2002	411	487	312
2003	914	796	695
2004	875	1161	852
2005	594	602	550
2006	904	1027	873
2007	885	474	588
2008	697	729	535
2009	465	552	369
2010	830	880	735
2011	883	767	1004
2012	680	875	571
2013	929	973	996
2014	934	1173	687
2015 (Até abril)	232	230	248

Tab 3.2 Precipitação média do Tehsil de Mandalgarh, Bijoliya e Jahazpur

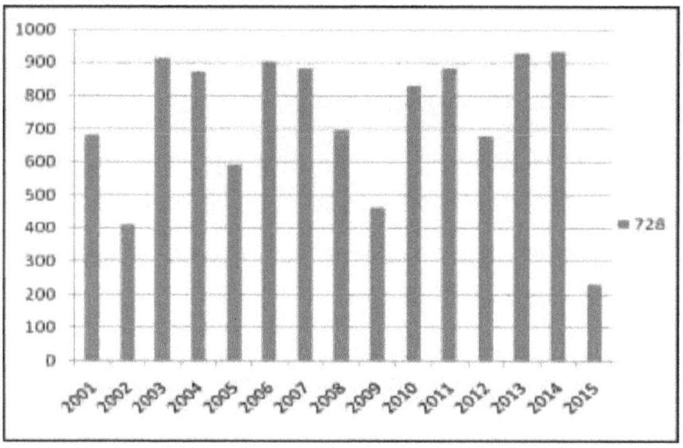

Fig 3.8 Precipitação média do Tehsil de Mandalgarh

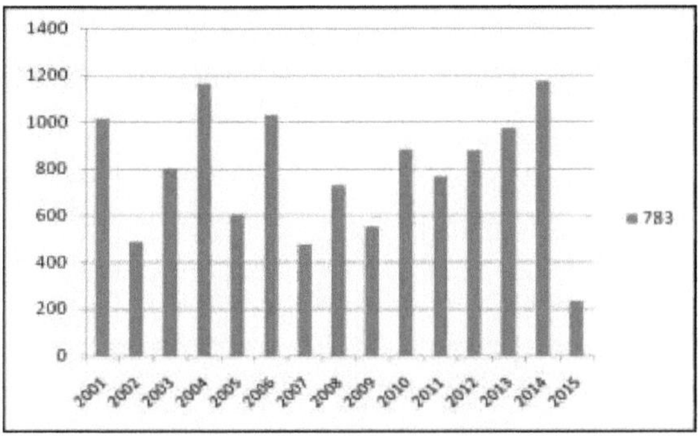

Fig 3.9 Precipitação média do Tehsil de Bijoliya

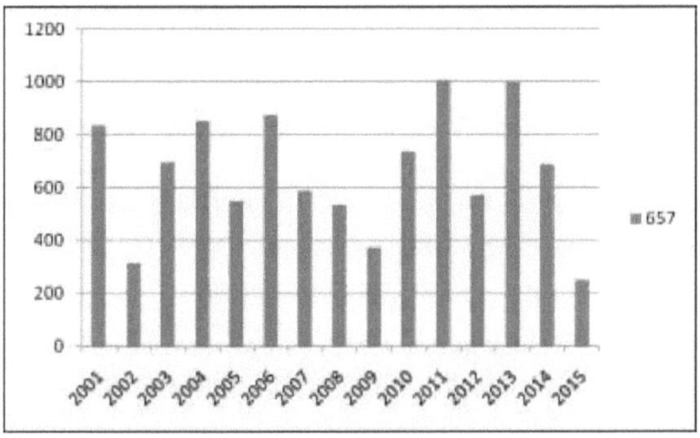

Fig 3.10 Precipitação média do Tehsil de Jahazpur

Fonte: - waterresources.rajasthan.gov.in

3.8 Aldeias

A bacia hidrográfica do rio Mej é constituída por 49 aldeias, das quais 34 aldeias pertencem ao Tehsil de Mandalgarh, enquanto apenas 9 aldeias pertencem ao Tehsil de Beejoliya e as restantes 6 aldeias pertencem ao Tehsil de Jahazpur. A maioria das aldeias (70%) situa-se em Mandalgarh tehsil, enquanto apenas 18% das aldeias se situam em Beejoliya tehsil e as restantes 12% em Jahazpur tehsil.

A tabela e a figura seguintes reflectem a distribuição das aldeias da bacia MEJ em diferentes tehsil.

Distribuição das aldeias da bacia hidrográfica do rio Mej
em diferentes tehsils

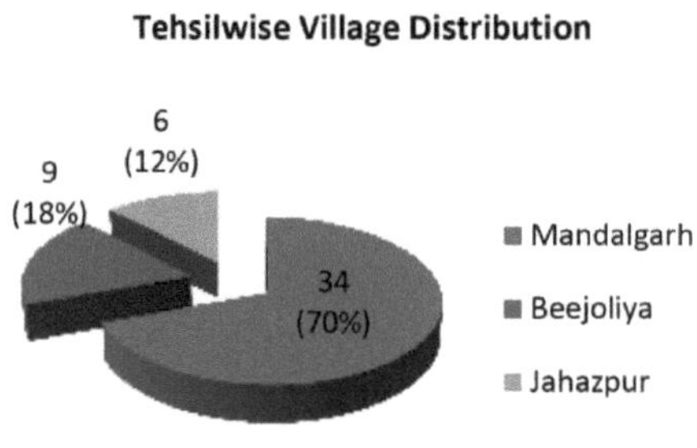

Tehsil	Total	Villages MEJ Basin	%
Mandalgarh	189	34	17.98
Beejoliya	123	9	7.31
Jahazpur	230	6	2.60
Total	**542**	**49**	**9.04**

Fig 3.11 Tehsil Wise Village Distributions

Tab 3.3 Distribution Villages in Mej Area of Different Tehsil.

Source: Census 2011(Amenities 2001)

3,9 Agregados familiares

A bacia hidrográfica do rio MEJ é habitada por 6897 agregados familiares com uma população total de 29974 habitantes em três tehsils, nomeadamente Mandalgarh, Beejoliya e Jahazpur.

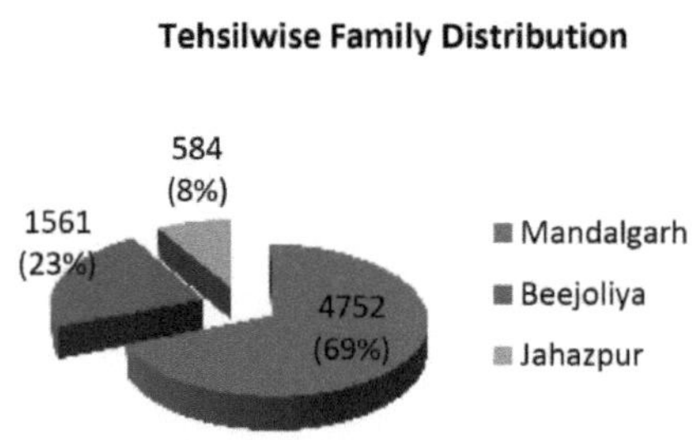

Tehsil	Households		
	Total (No_HH)	MEJ (No_HH)	%
Mandalgarh	25106	4752	18.92
Beejoliya	13387	1561	11.66
Jahazpur	31496	584	1.85
Total	**69989**	**6897**	**9.85**

Fig 3.12 Tehsil Wise households Distributions

Tab 3.4 Household in MEJ river catchment area of Different Tehsil

Source: Census 2011

Das 49 aldeias, 30 (61,22%) aldeias habitam com menos de 100 famílias, 12 (24,48%) aldeias com 101-200 famílias, 4 (8,16%) com 201-300 famílias e as restantes 3 (6,12%) aldeias são comparativamente maiores e habitam com mais de 300 famílias.

O quadro seguinte mostra a distribuição das aldeias em diferentes tehsil e na bacia do Mej como um todo, de acordo com as famílias que as habitam.

Tehsil	Aldeias com total de agregados familiares

	Inferior a 100 (Sem HH)	101-200 (No_HH)	201-300 (Não_HH)	> 301 (No_HH)	Total
Mandalgarh	21	9	2	2	34
Beejoliya	4	2	2	1	9
Jahazpur	5	1	0	0	6
Total	**30**	**12**	**4**	**3**	**49**

Tab. 3.5 Total de agregados familiares por grupo na bacia hidrográfica do rio Mej de diferentes Tehsil

Fonte: Censo 2011

3.10 População

O Rajastão é o maior Estado da Índia, com 68,60 milhões de habitantes e uma população total de 5% de todo o país. O distrito de Bhilwara tem uma população total de 2,40 milhões de habitantes, dos quais apenas 0,029 milhões (29974 pessoas) residem em aldeias situadas na zona de captação do rio MEJ.

Tehsil	**Aldeias com população**			
	50-500	**501-1000**	**10012000**	**2001 acima**
Mandalgarh	22	6	4	2
Beejoliya	3	2	2	2
Jahazpur	5	1	0	0
Total	**30**	**9**	**6**	**4**

Tab. 3.6 Grupo populacional na bacia hidrográfica do rio Mej de diferentes Tehsil

Fonte: Censo 2011

Verificou-se que a população varia entre 50-500 em 30 (61,22%) aldeias, 501-1000 em 9 (18,36%) aldeias, 1001-2000 em 6 (12,24%) aldeias e apenas 4 (8,16%) aldeias têm uma população superior a 2000.

3.11 Densidade populacional

A densidade populacional na bacia hidrográfica do rio MEJ é de 85 por quilómetro quadrado. As aldeias da bacia hidrográfica do rio MEJ situadas no tehsil de Mandalgarh são altamente povoadas e a densidade populacional é de 81 por quilómetro quadrado, enquanto as aldeias do tehsil de Beejoliya são as menos povoadas, com uma densidade populacional de apenas 55 por quilómetro quadrado.

Densidade populacional	
Índia	382
Rajastão	200
Bhilwara	230
Bacia hidrográfica do rio Mej	85

Tab. 3.7 Densidade populacional na bacia hidrográfica do rio Mej

Fonte: Censo 2011

A densidade populacional é mais elevada nas seguintes aldeias: Meghpura, Amarpura, Undaron Ka Khera, Keriya, Tahla e Karar Kheri.

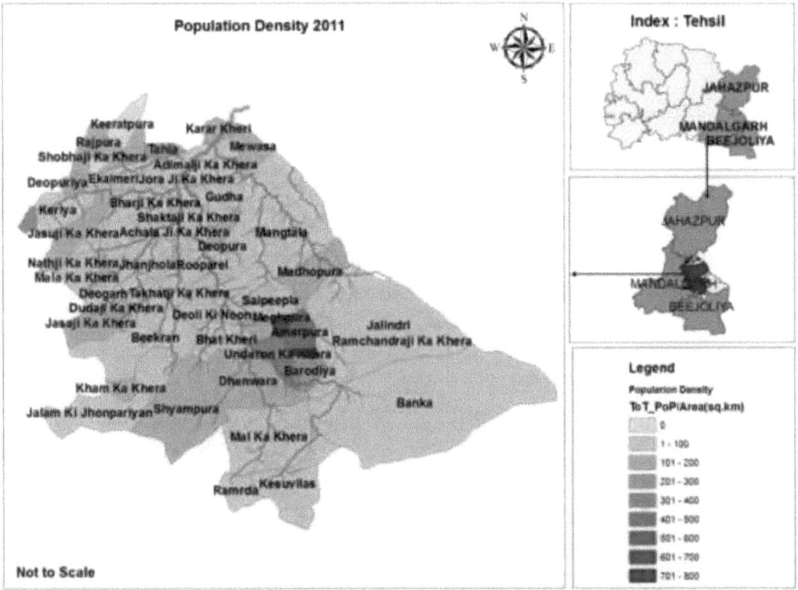

Fig 3.13 Densidade populacional da bacia hidrográfica do rio Mej

Fonte: PCA 2011 (censos 2011)

3.12 *Razão de sexo*

O rácio entre os sexos na bacia hidrográfica do rio MEJ é de 920, comparativamente mais baixo do que o valor distrital, estatal e nacional.

Sex Ratio	
India	943
Rajasthan	928
Bhilwara	973

Tab 3.8 Sex ratio

Tehsil	Sex ratio
Mandalgarh	973
Beejoliya	888
Jahazpur	884
Mej river catchment area	920

Tab 3.9 Sex ratio in Mej Area of Different Tehsil

Fonte: Censo 2011

3.13 *Composição de castas*

A população das tribos autóctones do Rajastão é de 92,38 lakhs em relação à população total. As tribos do

Estado têm uma composição étnica e padrões culturais variados, incluindo os Bhil, Damor, Meena, Garasia, Kathodi e Saharia.

As tribos são o grupo de castas dominante que habita a bacia hidrográfica do rio MEJ. A população total da Schedule Tribe (ST) é de 8366 pessoas, o que representa cerca de 28% da população total da bacia hidrográfica do rio MEJ. A população da Schedule Caste (SC) na bacia hidrográfica do rio MEJ é muito escassa, constituindo apenas 15% da população total. Outras comunidades que habitam a bacia hidrográfica do rio MEJ são Rajput, Suthar, Mahajan, etc. A população total da bacia hidrográfica do rio Mej é de 29974 habitantes. O quadro que se segue mostra a população ST & SC e a sua proporção em relação à população total em termos de tehsil.

Tehsil	População			Proporção		
	ST	SC	Outros	ST (%)	SC (%)	Outros (%)
Mandalgarh	5795	3617	11072	28	17	55
Beejoliya	1820	1059	3950	26	15	59
Jahazpur	751	290	1256	33	13	54
Total	**8366**	**4966**	**16278**	**28**	**17**	**55**

Quadro 3.10 Composições de castas na zona de Mej de diferentes Tehsil

Fonte: Censo 2011

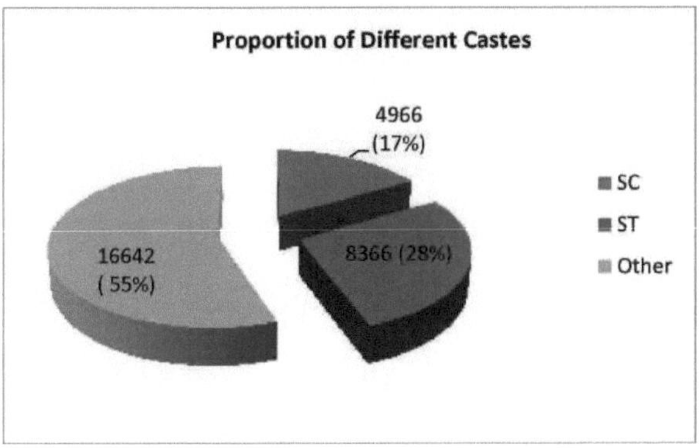

Fig 3.14 População em diferentes castas

Fonte: Censo 2011

3.14 Exploração de terrenos

A classificação das terras com base na sua posse é muito interessante nas zonas do projeto. O quadro (Tab. 3.11) apresenta os dados do Tehsil de Mandalgarh sobre a respectiva propriedade fundiária. A análise dos dados das aldeias do projeto revela o facto de aproximadamente 21% dos agricultores pertencerem à categoria de agricultores marginais e possuírem apenas 8232 ha do total das terras, seguidos pelos pequenos agricultores, que possuem apenas 27% das terras, com apenas 10824 ha do total das terras. Os grandes agricultores são apenas 5 % e possuem 2121 ha de terra.

Size of Holding (in ha.)	Number of holding	Area (ha.)
Marginal	16179	8232
Small	7625	10824
Semi medium	4185	11290
Medium	1302	7285
Large	145	2121

Tab 3.11 Land Holding in Mandalgarh Tehsil

Size of Holding (in ha.)	Number of holding	Area (ha.)
Marginal	4605	2456
Small	2686	3862
Semi medium	2067	5699
Medium	749	4102
Large	55	882

Tab 3.12 Land Holding in Beejoliya Tehsil

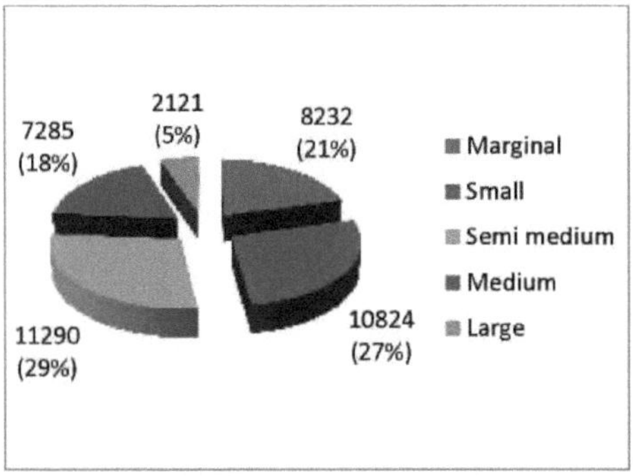

Fig 3.15 Propriedade fundiária do Tehsil de Mandalgarh

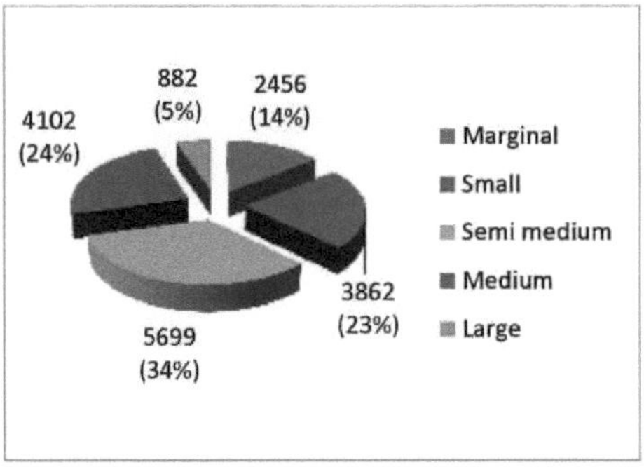

Fig 3.16 Propriedade fundiária do Tehsil de Beejoliya

Fonte: Censo Agro 2010-11

Lacunas nos dados: - Os dados sobre a posse de terras por aldeia não estão disponíveis, pelo que os dados globais sobre a posse de terras por tehsil são apresentados nos quadros acima.

Terrenos comuns

A proporção de terras comuns é mais elevada na maior parte da bacia hidrográfica do rio Mej e a maioria dos agricultores são pequenos agricultores. Os terrenos baldios podem ser divididos em três categorias de terrenos, ou seja, terrenos não agrícolas, terrenos baldios cultiváveis e pastagens.

Os terrenos comuns são mais elevados nas seguintes aldeias: Beekran, Gudha, Karar Kheri, Keeratpura, Mala Ka Khera, Nathji Ka Khera, Rajpura, Bhat Kheri, Deogarh, Adimalji Ka Khera, Dudaji Ka Khera e Jasaji Ka Khera.

Nota: Terrenos comuns = superfície não agrícola + terrenos baldios + pastagens

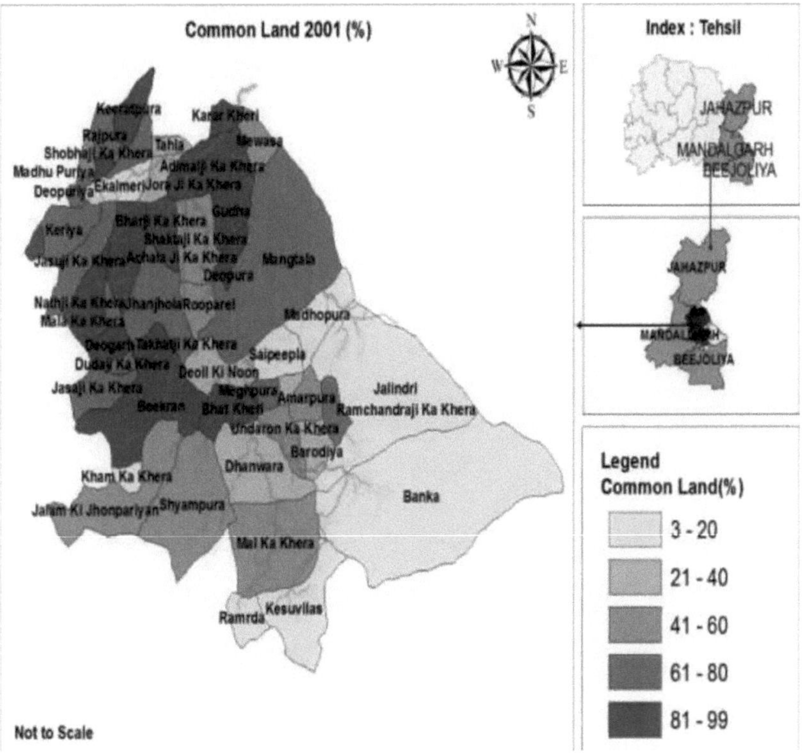

Fig 3.17 Terrenos comuns da bacia hidrográfica do rio Mej

Capítulo - 4 Metodologia

4.1 Recolha de dados

4.1.1 Recolha de dados primários

Após a diferenciação dos limites da bacia hidrográfica do rio Mej, foram selecionadas aleatoriamente algumas aldeias, situadas em diferentes Tehsil e em diferentes locais da bacia, para realizar a recolha de dados primários e a verificação no terreno.

Para a recolha de dados primários e a verificação no terreno nas aldeias selecionadas, foram utilizados diferentes parâmetros, como o perfil da aldeia, o padrão de cultivo, a posse de terras, as fontes de água potável e de irrigação, o tipo de solo, os problemas na agricultura devido à água, etc., para compreender a realidade no terreno da condição socioeconómica nas aldeias da área de captação da bacia hidrográfica do rio MEJ.

Além disso, visitámos aldeias selecionadas da bacia hidrográfica do rio Mej, tal como indicado abaixo:

1. Jalam Ki Jopariyan
2. Saipeepla
3. Mal Ka Khera
4. Dhanwara
5. Undron Ka Khera
6. Barodiya
7. Amarpura
8. Jalindri
9. Ramchandraji Ka Khera
10. Bharji Ka Khera
11. Shaktaji Ka Khera
12. Rooparel
13. Mewasa
14. Mangtala
15. Karar Kheri
16. Tehla

Depois de visitarmos a aldeia acima referida, recolhemos os pormenores junto do Talati e do Tehsil Office, que são os seguintes

1. Área cultivada em função da estação do ano

2. Informações sobre a barragem

3. Abastecimento de água

4.1.2 Recolha de dados secundários

Os dados secundários foram recolhidos de fontes da Internet, como os sítios Web do recenseamento da Índia, o sítio Web do NRDWP, o sítio Web do AgriCensus, etc., e outros dados do livro de estatística distrital de 2007.

Os dados demográficos secundários relativos à aldeia, tais como pormenores sobre agregados familiares/famílias, população, rácio entre os sexos, taxa de alfabetização, população SC & ST, população ativa e outros dados como a qualidade da água, floresta terrestre, terras comuns, fonte de irrigação, etc., foram recolhidos da Internet e compilados.

Os dados recolhidos nas fontes primárias e secundárias foram compilados e analisados para a análise da situação do projeto de gestão da água na bacia hidrográfica do rio MEJ.

Capítulo - 5 Análise de dados

5.1 Água

A água é essencial para sustentar a vida humana, o desenvolvimento económico e o funcionamento dos ecossistemas. Por conseguinte, a água deve ser gerida como um sistema holístico, reconhecendo todas as caraterísticas do funcionamento do ciclo hidrológico e dos recursos naturais e ecossistemas associados.

A situação da água no Rajastão é crítica, complexa e explosiva. O Rajastão, com mais de 10,4% da área geográfica do país, que acolhe mais de 5,5% da população humana e 18,7% da população pecuária, com cerca de 14% da área cultivável do país, tem apenas 1,16% do total das águas superficiais disponíveis no país. Os lençóis freáticos estão a esgotar-se rapidamente em todo o Estado. 90% da água potável e 60% das necessidades de irrigação dependem das águas subterrâneas. A exploração excessiva das águas subterrâneas está a afetar negativamente a quantidade e a qualidade da água. Com o aumento assimétrico da população e da procura de água para diversos fins, o Estado está a caminhar para uma escassez absoluta de água. Atualmente, a disponibilidade anual de água per capita no Estado é de 850 cum contra as necessidades mínimas de 1000 cum.

Banas é o principal rio que corre na parte oriental do distrito de Udaipur. Outros rios do distrito incluem o Mej, o MEJ e o Berach. Todos eles são rios não perenes, que correm apenas durante a estação das chuvas. Além disso, existem vários tanques e lagos artificiais no Tehsil.

A bacia do rio MEJ é uma das bacias hidrográficas de Mandalgarh. Os aldeões que habitam a bacia do MEJ enfrentam a escassez de água não só para irrigação, mas também para beber água durante o pico do verão. A disponibilidade de água na bacia do MEJ é principalmente sob a forma de rio, riacho, furos de água, tanques artificiais, poços abertos, bombas manuais, etc.

A água é o requisito básico para a sobrevivência das vidas. É considerada como um recurso socioeconómico. A principal fonte de subsistência das comunidades, ou seja, a agricultura, está totalmente dependente da disponibilidade de água. A produção agrícola será aumentada com a disponibilidade de água suficiente para irrigação e, portanto, melhorará a condição económica das comunidades. Uma melhor produção agrícola e uma melhor condição económica garantirão a segurança alimentar, reduzirão a migração externa e, por conseguinte, melhorarão o nível de educação das crianças. A disponibilidade de água potável reduzirá os riscos para a saúde e o trabalho pesado das mulheres.

Utilização da água

A água disponível na bacia é utilizada principalmente para satisfazer a procura de água das comunidades para fins domésticos e também para a produção agrícola. A topografia ondulada da bacia do MEJ favorece um elevado escoamento superficial e a precipitação total recebida na bacia sai rapidamente dos limites da bacia. É necessário conservar e recolher a água da chuva através de diferentes estruturas de recolha de água, a fim de melhorar a disponibilidade de água na bacia do MEJ.

5.1.1 Água potável

Os poços abertos, as bombas manuais e os poços perfurados são as principais fontes de água potável para as comunidades da área de captação do rio MEJ. A partir do inquérito primário, verificou-se que 55% das famílias têm acesso a água potável a partir de poços abertos, enquanto algumas famílias dependem de bombas manuais.

A maioria dos poços abertos não tem paredes de parapeito e, por isso, a água fica poluída devido à intrusão direta da água de escoamento dos campos agrícolas durante as estações chuvosas. O consumo de água poluída provoca muitas doenças transmitidas pela água e, por conseguinte, aumenta as despesas de saúde.

As bombas manuais são principalmente a fonte comum de água para as comunidades, mas muitas vezes há problemas técnicos devido à falta de gestão e de propriedade por parte das comunidades. Os jovens e as mulheres da aldeia podem ser formados para reparar e manter as bombas manuais, de modo a poderem ultrapassar facilmente os pequenos problemas técnicos. As famílias que acedem à água destas fontes comuns podem ser organizadas como 'Grupo de utilizadores de água', o que garantirá uma melhor gestão das fontes de água.

5.1.2 Fontes de irrigação

Existem quatro fontes principais de irrigação em Mandalgarh, Beejoliya e Jahazpur: canais, tanques, poços e poços tubulares. Não existem grandes infra-estruturas de irrigação na bacia hidrográfica do rio MEJ. A falta de instalações de irrigação obriga os aldeões a depender da monção, que é sempre errática por natureza. A água para irrigação é uma das principais necessidades dos agricultores e as pessoas de MEJ afirmam que **"se houver água disponível, todos os nossos problemas serão resolvidos".**

Os poços abertos são a infraestrutura de irrigação mais fiável e predominante na bacia hidrográfica do rio MEJ. A maior parte da terra irrigada na bacia depende do poço aberto para irrigação. O fator mais prevalecente no que diz respeito à irrigação por poço aberto é que a maior parte dos potenciais poços abertos são partilhados por vários agricultores. Por outro lado, muitos agricultores dependem de um poço aberto não só para irrigação, mas também para água potável, havendo uma grande possibilidade de desenvolver estas fontes para melhorar a sua capacidade e disponibilidade de água.

Devido à falta de eletricidade na maior parte das aldeias, a água dos poços está a ser retirada para irrigação através de bombas a gasóleo. A irrigação através de bombas a gasóleo é muito dispendiosa para o agricultor. Depois de elevar a água através de bombas a gasóleo, a água passa pelo canal de irrigação de lama para irrigar o campo na sua área de comando e a água vai para a extremidade traseira através da gravidade.

Os agricultores não têm conhecimento sobre os diferentes sistemas de irrigação, como gotejamento, aspersão, etc. Nas áreas de escassez de água, os agricultores precisam de ser orientados sobre as diferentes aplicações de poupança de água e também sobre a gestão da rega, para que possam lidar com o período de stress.

Diferentes fontes de irrigação

Poços perfurados, poços escavados, lagos e canais são as principais fontes de irrigação em Mandalgarh. O quadro (Tab. 5.1) abaixo dá uma ideia da área irrigada em Mandalgarh. Os poços perfurados e os poços tubulares são limitados devido à baixa descarga. Na área de captação do rio MEJ, os poços abertos e o canal são as principais fontes de irrigação. Foram feitos esforços para descobrir a fonte de irrigação, pelo que foi revelado que os poços são a fonte de irrigação para aproximadamente 66 % da área irrigada e 22 % dos canais. No entanto, o canal só está disponível em algumas aldeias do projeto, nomeadamente Banka, Jalindri e Jalam Ki Jhonpariyan.

A eficiência hídrica do canal é muito baixa. A disponibilidade de água no canal é totalmente dependente das chuvas, porque se houver menos chuvas num determinado ano, isso afectará diretamente a disponibilidade de água no canal.

Os dados fornecidos pelo departamento de recursos hídricos revelam o facto de o motor ser a principal fonte de irrigação dos campos dos agricultores. A comunidade prefere-o porque é móvel e facilmente disponível. No entanto, o custo de funcionamento é comparativamente mais elevado no motor a gasóleo do que no motor elétrico. Na área do projeto, os agricultores utilizam motores eléctricos e motores a diesel para a irrigação. O modo de irrigação também depende da disponibilidade de água, ou seja, se a disponibilidade de água no poço é sazonal, então a comunidade prefere utilizar o motor a diesel e os agricultores utilizam a ligação eléctrica para aqueles que têm o abastecimento de água assegurado durante todo o ano.

O lençol freático na área do projeto é de aproximadamente 120-135 m no poço. Desce a uma maior profundidade em caso de baixa pluviosidade. A qualidade da água torna-se não potável ou inclui o teor de flúor a uma maior profundidade.

Fonte de irrigação	**Número de explorações**	**Área irrigada (ha.)**
Poços	14803	19974
Canal	8044	7924
Tanque	1331	755
Poços de tubos	2712	3618
Outros	75	138

Quadro 5.1 Fonte de irrigação em Mandalgarh Tehsil

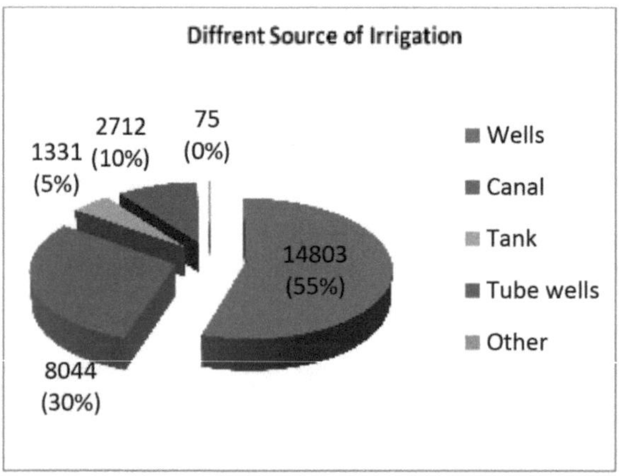

Fig 5.1 Diferentes fontes de irrigação (Nº de explorações)

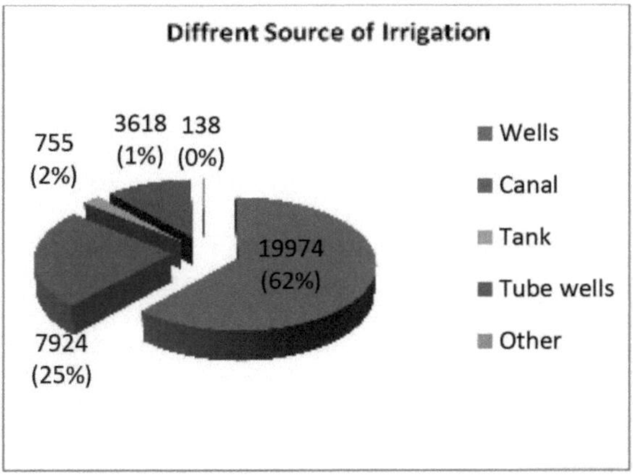

Fig 5.2 Área irrigada por diferentes fontes

Fonte: AgriCenso (2010-11)

Lacunas nos dados: - Os dados sobre as fontes de irrigação ao nível da aldeia não estão disponíveis, pelo que os dados globais sobre as fontes de irrigação ao nível do tehsil são apresentados nos quadros acima.

5.1.3 Mapas diferentes

Mapa de contorno do lençol freático:-

De acordo com as estimativas do nível médio do mar (MSL), a parte sudeste tem um nível de água mais raso do que a parte noroeste.

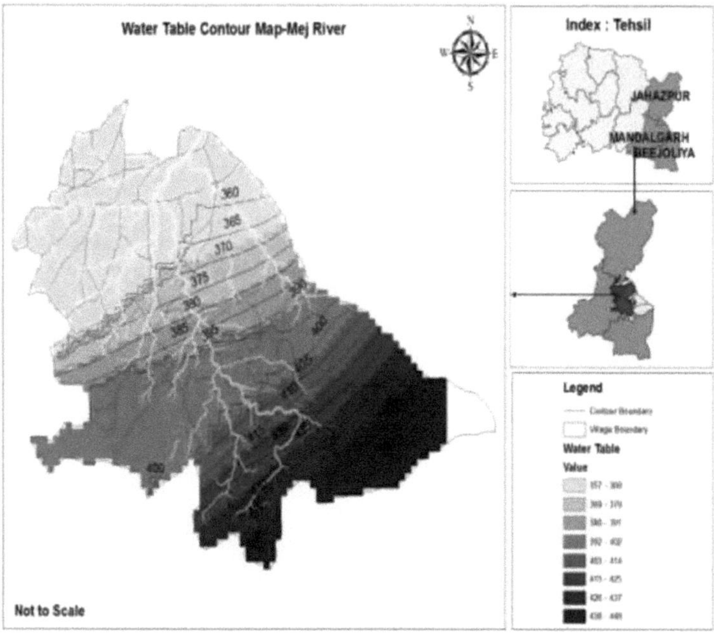

Fig 5.3 Mapa de Contorno do Lençol Freático Área de Bacia Hidrográfica do Rio Mej

Área total irrigada na bacia hidrográfica do rio MEJ:-

A área total irrigada é maior nas seguintes aldeias: Amarpura, Undaron Ka Khera, Barodiya, Keriya, Tahla, Mal ka Khera, Jasaji Ka Khera, Shyampura, Jalam Ki Jhonpariyan e Dhanwara.

Área irrigada por poço tubular na bacia hidrográfica do rio MEJ

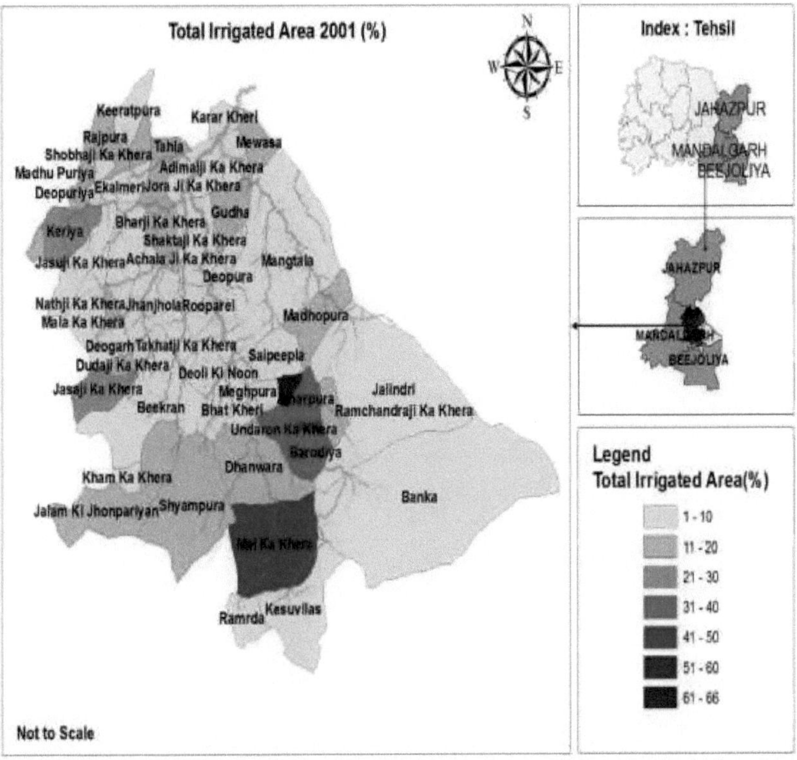

Fig 5.4 Área total irrigada na bacia hidrográfica do rio Mej

A área irrigada por poço tubular é maior nas seguintes aldeias: Achala Ji Ka Khera, Ramchandraji Ka Khera e Shyampura.

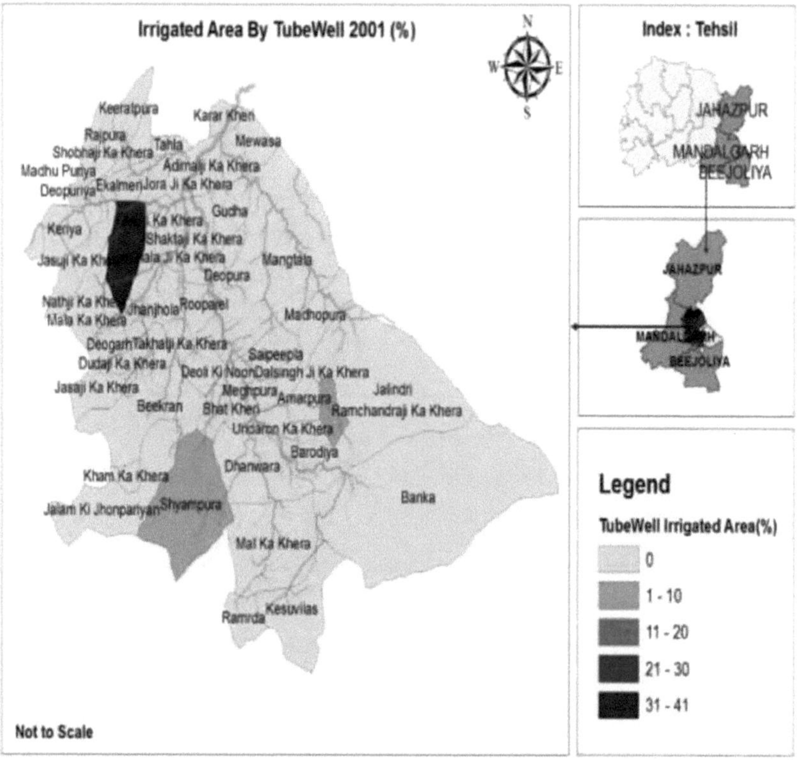

Fig 5.5 Áreas irrigadas por poço tubular na área de captação do rio Mej

Área irrigada por canal na bacia hidrográfica do rio MEJ:-

A bacia hidrográfica do rio Mej é a segunda maior área de irrigação com água do canal. A área irrigada por canal é maior nas seguintes aldeias: Banka, Jalindri, Madhopura, Saipeepla, Barodiya, Jasaji Ka Khera, Jalam Ki Jhonpariyan e Tahla.

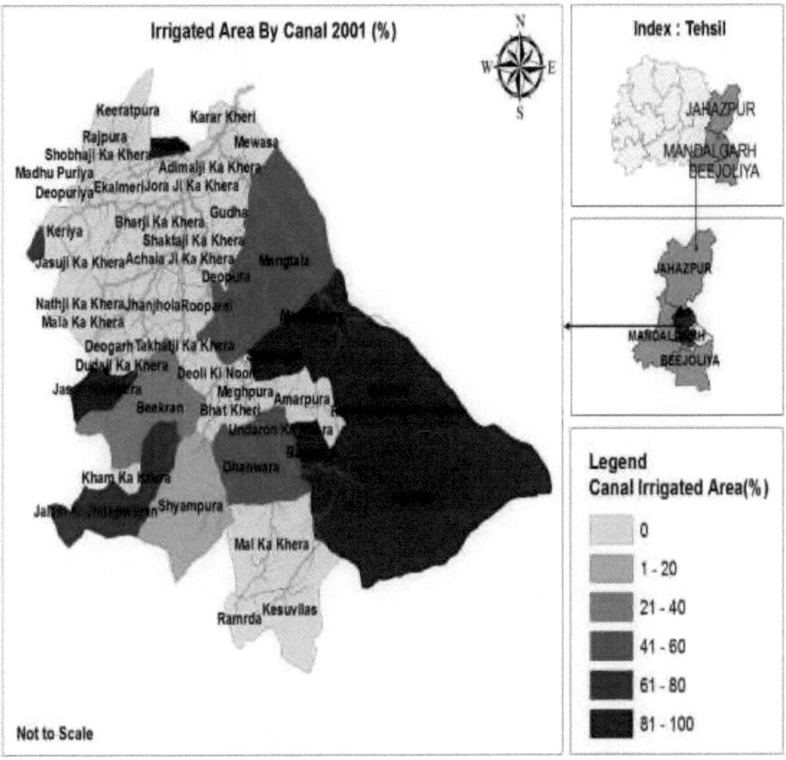

Fig 5.6 Áreas irrigadas por canal na bacia hidrográfica do rio Mej

Área irrigada por tanque na bacia hidrográfica do rio MEJ

A área irrigada por tanque é maior nas seguintes aldeias: Jora Ji Ka Khera, Bharji Ka Khera, Jhanjhola e Shaktaji Ka Khera.

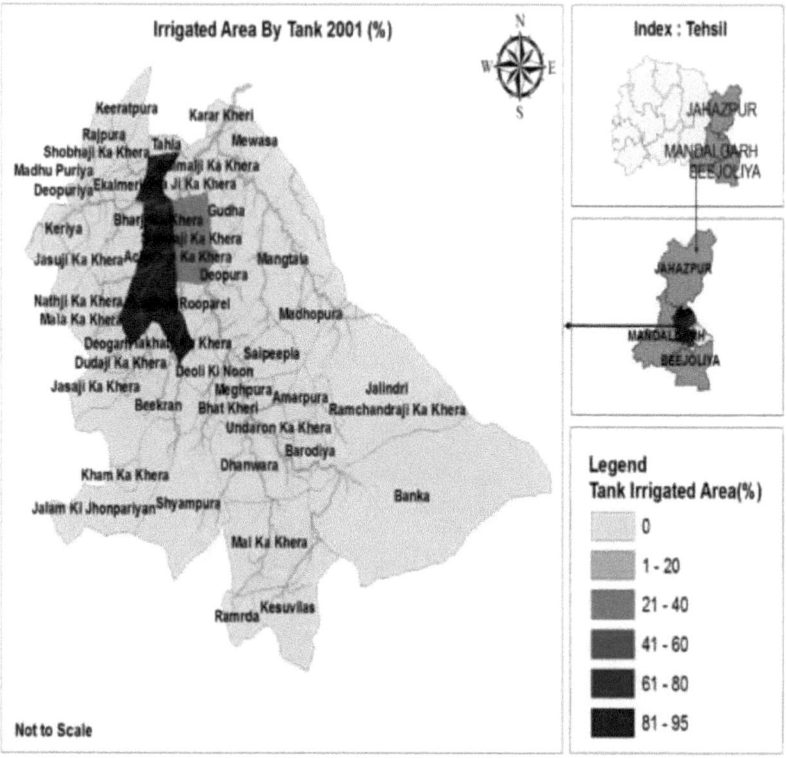

Fig 5.7 Áreas irrigadas por tanque na bacia hidrográfica do rio Mej

Área irrigada por poço na bacia hidrográfica do rio MEJ:-

Na bacia hidrográfica do rio Mej, a maior parte da irrigação é efectuada com água de poços. A área irrigada por poço é maior nas seguintes aldeias: Ramrda, Kesuvilas, Mal Ka Khera, Jalam Ki Jhonpariyan, Shyampura, Beekran, Keriya, Keeratpura, Karar Kheri, Gudha, Jasuji Ka Khera, Achala Ji Ka Khera, etc.

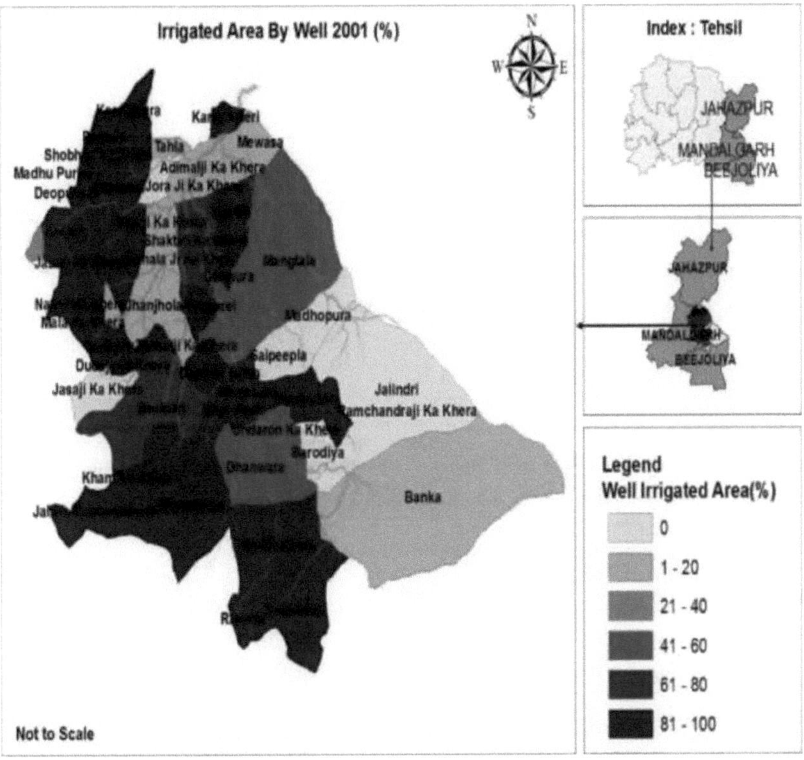

Fig 5.8 Área irrigada por poço na área de captação do rio Mej

5.1.4 Qualidade da água

A qualidade da água refere-se às caraterísticas químicas, físicas, biológicas e radiológicas da água. É uma medida do estado da água relativamente aos requisitos de uma ou mais espécies bióticas e ou a qualquer necessidade ou objetivo humano. É mais frequentemente utilizada por referência a um conjunto de normas em relação às quais pode ser avaliada a conformidade. As normas mais comuns utilizadas para avaliar a qualidade da água dizem respeito à saúde dos ecossistemas, à segurança do contacto humano e à água potável.

Parâmetros	**Exigido Desejável Limite**
Fluoreto	0,6-1,6 mg/l
Alcalinidade	200 mg/l
Cálcio	75 mg/l
Cloreto	250 mg/l
Dureza	300 mg/l
Nitrato	9 mg/l
pH	6.5-8.5

TDS	600 mg/l
Magnésio	30 mg/l

Tab. 5.2 Parâmetros de qualidade da água e respetivo limite desejável

Fonte: hppcb.gov.in

5.1.4.1 Fluoreto

A fluoretação da água é a adição controlada de flúor a um abastecimento público de água para reduzir a cárie dentária. A água fluoretada tem flúor a um nível que é eficaz na prevenção de cáries; isto pode ocorrer naturalmente ou através da adição de flúor. A água fluoretada actua nas superfícies dentárias: na boca, cria baixos níveis de flúor na saliva, o que reduz a taxa de desmineralização do esmalte dentário e aumenta a taxa de remineralização nas fases iniciais das cáries.

A concentração de fluoreto nas águas subterrâneas é de 0,6-1,6 mg/l. Foram observados valores mais elevados de fluoreto em Jasaji Ka Khera, Mala Ka Khera, Jalam Ki Jhonpariyan (bloco de Mandalgarh); Ramrda, Kesuvilas, Banka (bloco de Beejoliya); Ekalmeri, Jora Ji Ka Khera, Tahla (bloco de Jahazpur).

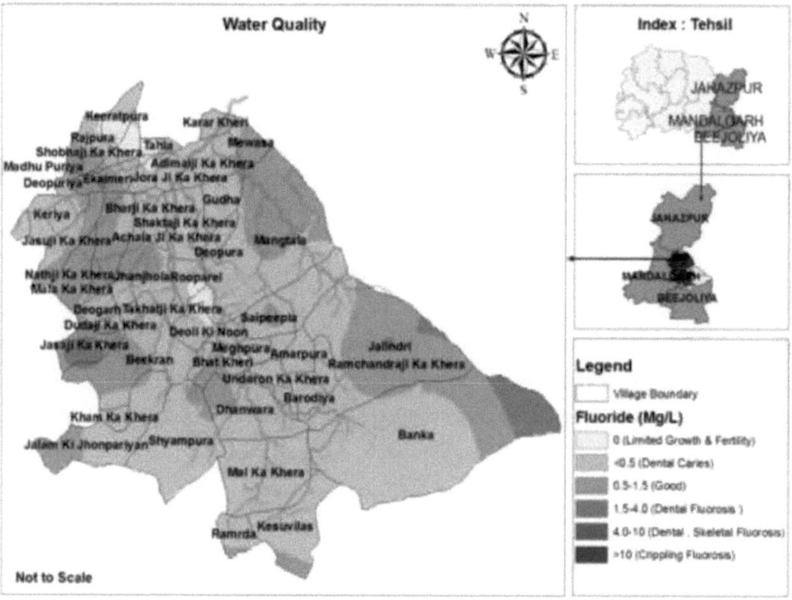

Fig 5.9 Mapa da qualidade da água com fluoreto

5.1.4.2 Alcalinidade

A alcalinidade é uma medida da capacidade da água para neutralizar ácidos (ver descrição do pH). Os compostos alcalinos na água, como os bicarbonatos (o bicarbonato de sódio é um tipo), carbonatos e hidróxidos, removem iões H+ e reduzem a acidez da água (o que significa um aumento do pH).

A concentração de alcalinidade nas águas subterrâneas é desejável até 200 mg/l. Foram observados valores mais elevados de alcalinidade em Jasaji Ka Khera, Mala Ka Khera, Keriya, Jasuji Ka Khera, Keeratpura, Deopuriya, Gudha (bloco de Mandalgarh); Ramrda, Kesuvilas, Banka, Barodiya (bloco de Beejoliya); Ekalmeri, Jora Ji Ka Khera, Tahla, Karar Kheri, Mewasa (bloco de Jahazpur).

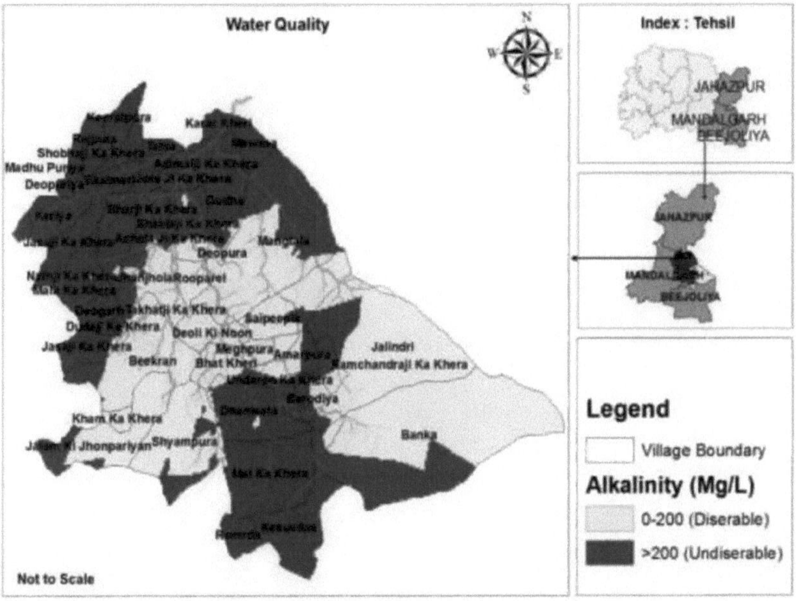

Fig 5.10 Mapa de qualidade da água da alcalinidade

5.1.4.3 Cálcio

O cálcio é essencial para os organismos vivos, em particular na fisiologia celular, onde o movimento do ião cálcio para dentro e para fora do citoplasma funciona como um sinal para muitos processos celulares. Sendo um dos principais materiais utilizados na mineralização dos ossos, dentes e conchas, o cálcio é o metal mais abundante em massa em muitos animais.

A concentração de cálcio nas águas subterrâneas é de 75 mg/l. Foram observados valores mais elevados de cálcio em Meghpura, Mangtala, Gudha, Madhu Puriya (bloco de Mandalgarh); Ekalmeri, Jora Ji Ka Khera, Tahla (bloco de Jahazpur).

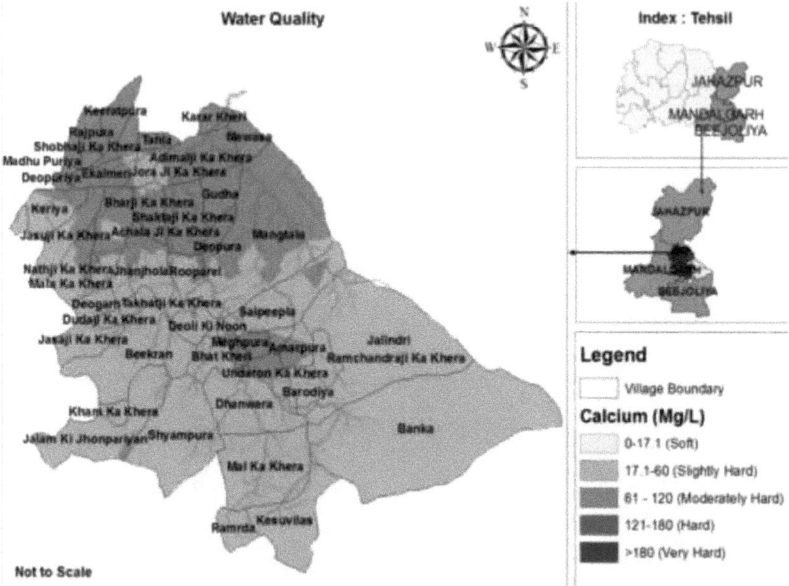

Fig 5.11 Mapa da qualidade da água com cálcio

5.1.4.4 Cloreto

A concentração de cloreto nas águas subterrâneas é de até 250 mg/l.

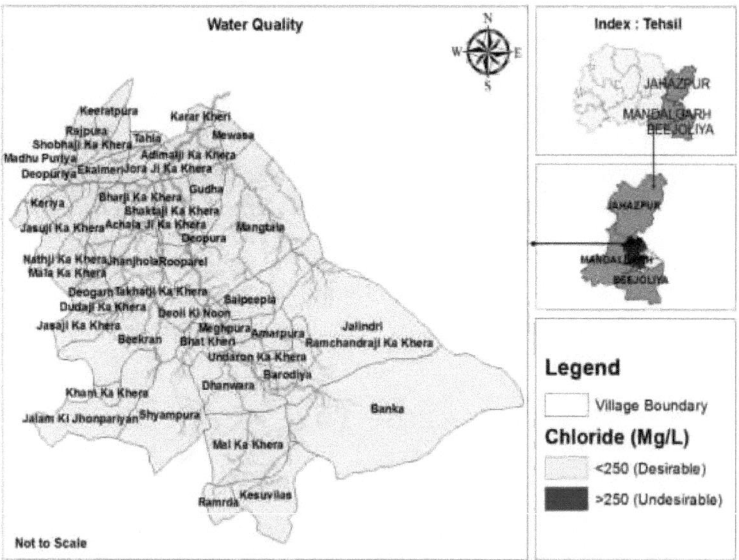

Fig 5.12 Mapa de qualidade da água com cloretos

5.1.4.5 Dureza

O cálcio e o magnésio dissolvidos na água são os dois minerais mais comuns que tornam a água "dura". A dureza da água é referida por três tipos de medidas: grãos por galão, miligramas por litro (mg/L) ou partes por milhão (ppm).

A concentração de dureza nas águas subterrâneas é de até 300 mg/l. Foram observados valores mais elevados de dureza em Meghpura, Mangtala, Gudha, Madhu Puriya, Keriya, Keeratpura (bloco de Mandalgarh); Ekalmeri, Jora Ji Ka Khera, Tahla, Mewasa, Shobaji Ka Khera, Karar Kheri (bloco de Jahazpur).

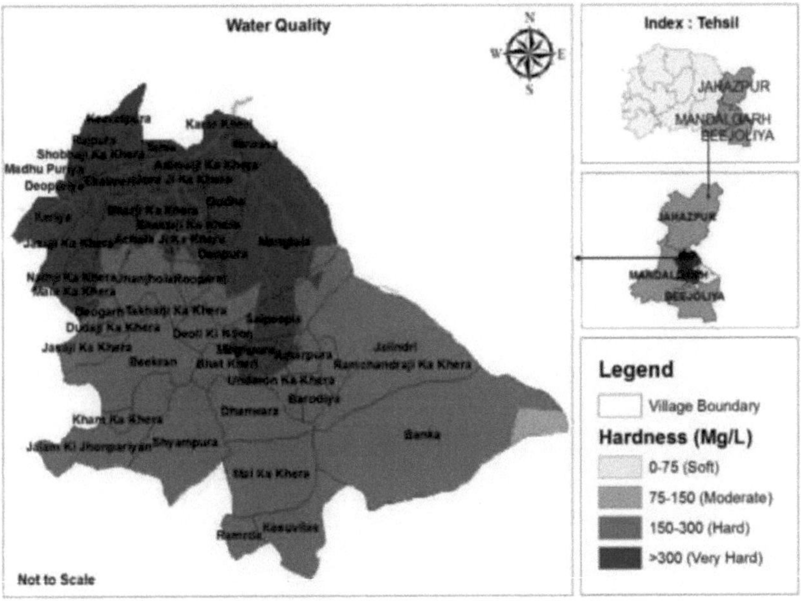

Fig 5.13 Mapa da qualidade da água em termos de dureza

5.1.4.6 Nitrato

O nitrato é um composto incolor, inodoro e insípido que está presente em algumas águas subterrâneas do Colorado. O nitrato pode ser expresso como NO3 (nitrato) ou NO3-N (nitrato-nitrogénio). Níveis de nitrato acima do Nível Máximo de Contaminação da EPA de 10mg/l NO3-N ou 45 mg/l NO3 podem causar metemoglobinemia em bebés. A gestão adequada de fertilizantes, estrumes e outras fontes de azoto pode minimizar a contaminação das reservas de água potável.

A concentração de nitratos nas águas subterrâneas é de até 9 mg/l. Foram observados valores mais elevados de nitratos em Jasaji Ka Khera, Keriya, Jasuji Ka Khera (bloco Mandalgarh); Banka e Jalindri (bloco Beejoliya).

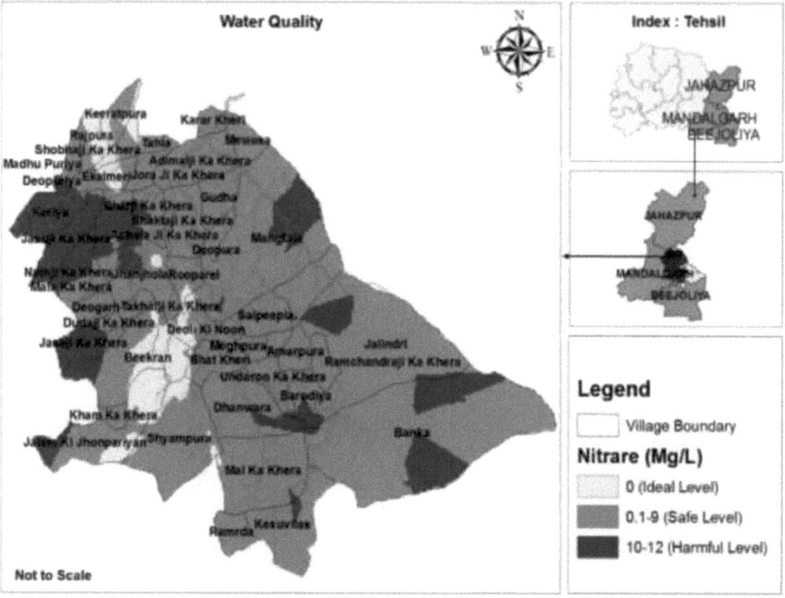

Fig 5.14 Mapa da qualidade da água com nitratos

5.1.4.7 pH

Em geral, a água com um pH < 7 é considerada ácida e com um pH > 7 é considerada básica. O intervalo normal para o pH em sistemas de águas superficiais é de **6,5 a 8,5** e para sistemas de águas subterrâneas **de 6 a 8,5**. A alcalinidade é uma medida da capacidade da água para resistir a uma alteração do pH que tenderia a tornar a água mais ácida.

A concentração de pH nas águas subterrâneas é de 6,5-8,5 mg/l. Foram observados valores mais elevados de pH em Mal Ka Khera, Dhanwara, Keriya (bloco de Mandalgarh); Ramrda, Kesuvilas, Banka, Barodiya (bloco de Beejoliya); Ekalmeri, Jora Ji Ka Khera (bloco de Jahazpur).

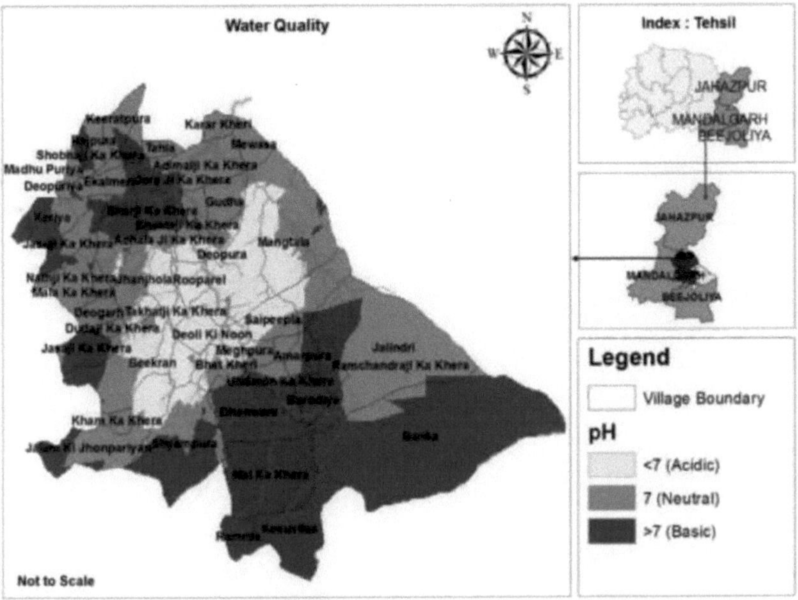

Fig 5.15 Mapa da qualidade da água com pH

5.1.4.8 TDS

Em termos de Total de Sólidos Dissolvidos (TDS), nos EUA, a Agência de Proteção Ambiental (EPA) desaconselha o consumo de água que contenha mais de 500 mg/litro, também conhecido como 500 partes por milhão (ppm) de TDS, embora muitos especialistas em saúde acreditem que a água potável ideal deve ser inferior a 50 ppm ou menos.

O limite desejável de concentração de TDS nas águas subterrâneas é de 600 mg/l. Foram observados valores mais elevados de TDS em Keeratpura, Rajpura, Bharji Ka Khera, Jasuji Ka Khera, Gudha, Madhu Puriya, Keriya (bloco de Mandalgarh); Ekalmeri, Jora Ji Ka Khera, Tahla, Mewasa, Shobaji Ka Khera, Karar Kheri (bloco de Jahazpur).

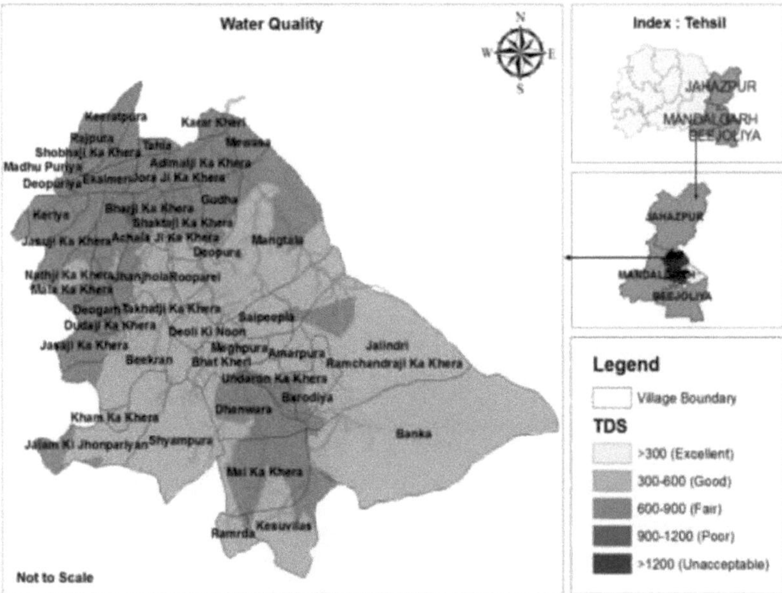

Fig 5.16 Mapa de qualidade da água TDS

5.1.4.9 Magnésio

A concentração de magnésio nas águas subterrâneas é desejável até ao limite de 30 mg/l. Foram observados valores mais elevados de magnésio em Keeratpura, Rajpura, Bharji Ka Khera, Madhu Puriya, Gudha, Deopuriya (bloco de Mandalgarh); Ekalmeri, Mewasa, Shobaji Ka Khera, Karar Kheri (bloco de Jahazpur).

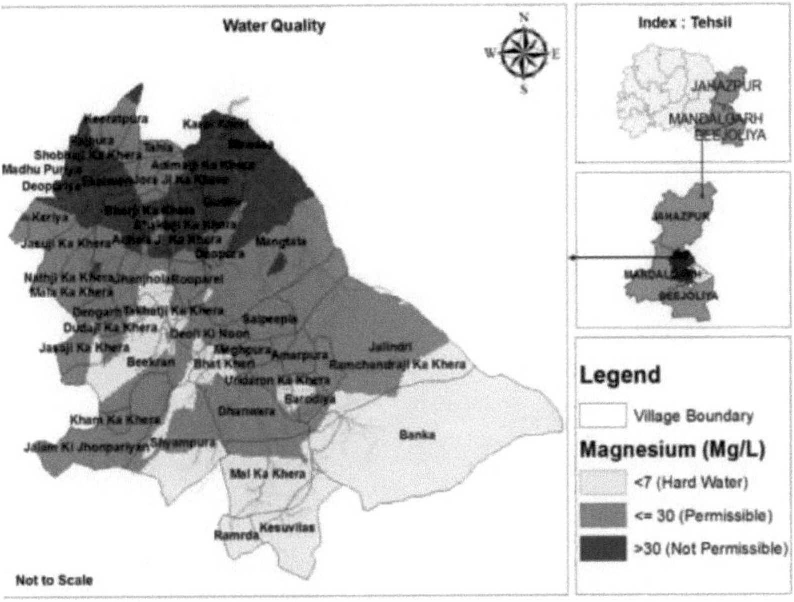

Fig 5.17 Mapa de qualidade da água do magnésio

5.2 Agricultura na bacia hidrográfica do rio Mej

5.2.1 Solo

O solo predominante do distrito de Bhilwara é classificado principalmente em solo preto, vermelho e amarelo do solo do pé. Estes solos são aluviais e o tipo de ordem inicial tem uma boa capacidade de retenção de humidade. Os principais tipos de solo podem ser classificados como argilosos, argilosos, arenosos, franco-arenosos, argilosos e pedregosos. O solo argiloso ou preto médio encontra-se principalmente nas zonas montanhosas da parte central do distrito. O solo argiloso encontra-se em todo o distrito. Os solos arenosos e franco-arenosos encontram-se perto das margens do rio e de Nalla do distrito e os solos argilosos, pedregosos e pedregosos encontram-se nas zonas montanhosas da parte oriental do distrito.

A aldeia do projeto identifica o tipo de solo, a saúde do solo e compreende a textura e a estrutura do solo. Os tipos de solo variam de aldeia para aldeia na área do projeto. No entanto, a maior parte da área (cerca de 70%) está coberta por solo negro médio, seguido de cerca de 30% de solo negro raso com *kankar* em parte das aldeias do projeto. Os solos da área do projeto estão principalmente classificados em argilosos, argilosos com *kankar* e arenosos e arenosos com *kankar*. Uma pequena parte do terreno está coberta por uma zona alcalina, que é totalmente um terreno baldio. A cor do solo na área do projeto é preta, cinzenta, vermelha, amarela e acastanhada, média e pouco profunda.

Na maior parte da bacia hidrográfica do rio Mej, o tipo de solo é preto médio, enquanto em algumas zonas a noroeste o tipo de solo é preto raso.

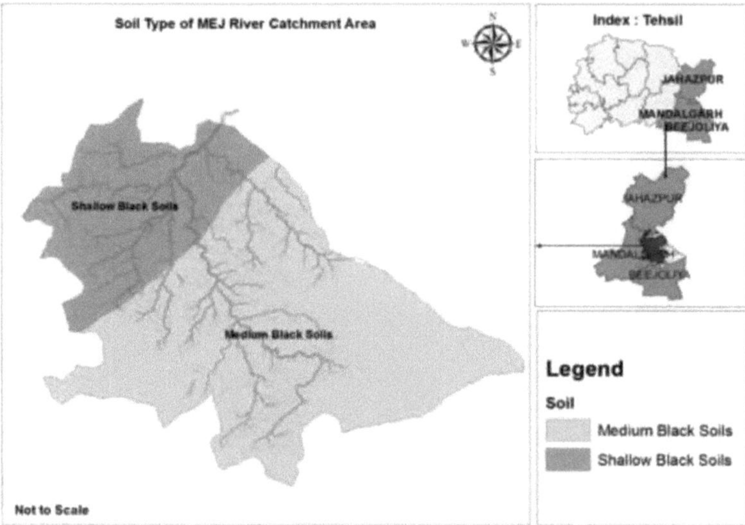

Fig 5.18 Tipo de solo da área de captação do rio Mej

5.2.2 Geologia

A geologia da bacia hidrográfica do rio Mej é constituída por dois tipos de rochas: xisto filítico e arenito. A parte noroeste é constituída por rochas do tipo xisto filítico e a parte restante, em direção a sudeste, é constituída por arenitos.

Filito e xisto:

O filito, o xisto clorítico granítico e o xisto sericítico granítico fino estão também a ser extraídos e utilizados como pedra decorativa de construção. Os azulejos cortados e dimensionados da zona de Badnor estão a ser exportados. Os filitos e os xistos predominam na parte noroeste do tehsil de Mandalgarh

Pedra de areia:

Beejoliya é uma pequena cidade situada mais ou menos a meio e as pedreiras desenvolveram-se em redor destes locais, com maior concentração a sul e a leste. A pedra de areia é de cor púrpura a castanha avermelhada com bandas brancas claras. É compacta, maciça e com juntas quadrangulares. A zona mineira mais importante é o tehsil de Beejoliya.

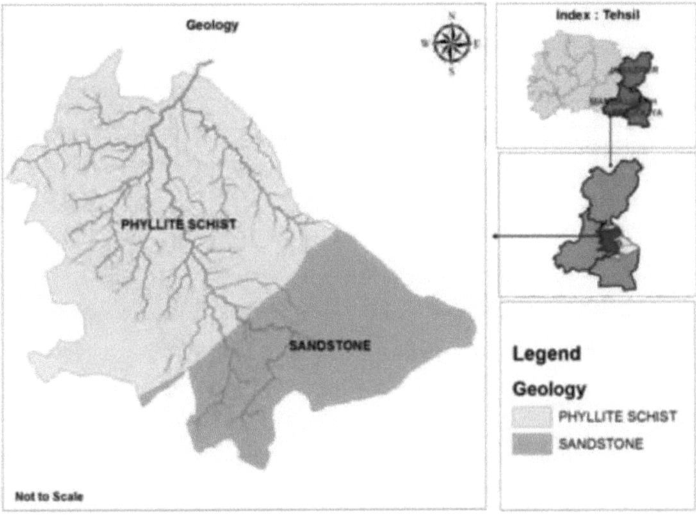

Fig 5.19 Geologia da bacia hidrográfica do rio Mej

5.2.3 Padrão de cultivo

A agricultura é a espinha dorsal da economia indiana, uma vez que sustenta mais de 5,2 mil milhões de pessoas em todo o mundo e dá emprego a 52% da força de trabalho. A alimentação é uma necessidade da humanidade e qualquer recessão no crescimento agrícola pode causar imensos sofrimentos humanos. A agricultura, que representava mais de 30 % do PIB total no início das reformas, não conseguiu manter a taxa de crescimento registada antes da reforma. Desde a independência, a contribuição da agricultura e dos sectores conexos para o PIB global diminuiu de 61% para 17,8%. No entanto, a elevada dependência da maioria dos pobres torna o sector ainda mais importante.

O Rajastão é o maior Estado do país em termos de área geográfica e o seu desenvolvimento económico depende em grande medida da agricultura. A área geográfica total do Estado é de 307,44 lakh hectares, dos quais 49,21% são cultivados e apenas 28% são irrigados e os restantes 72% são alimentados pela chuva, enquanto o distrito de Bhilwara tem uma área cultivável de 7538,13 km2 (72,11%) e uma área não cultivada de 2916,82 km2 (27,89%).

2000-2001			**2001-2002**		
Quaresma	**Rabi**	**Total**	**Quaresma**	**Rabi**	**Total**
29022	18554	47576	28081	19603	47684

2002-2003			**2003-2004**		
Quaresma	**Rabi**	**Total**	**Quaresma**	**Rabi**	**Total**
26652	13054	39706	29948	21016	50964

2004-2005			2005-2006		
Quaresma	Rabi	Total	Quaresma	Rabi	Total
31267	26417	57684	31781	27958	59739

Tab. 5.2 Superfícies cultivadas Kharif e Rabi

Fonte: Manual de Estatística do Distrito de Bhilwara

A agricultura é a principal atividade de subsistência da maioria da população de Mandalgarh Tehsil. Aproximadamente mais de 75 % da população dedica-se ao sector agrícola. Os dados dos últimos dez anos sobre a utilização das terras para as culturas Kharif e Rabi dão a impressão de que a superfície cultivada bruta é comparativamente melhor em Jahazpur e Mandalgarh devido à disponibilidade de águas subterrâneas. O quadro que mostra a informação sobre a área de produção agrícola também dá a impressão de que esta é flutuante e depende das chuvas de um determinado ano.

Cultura principal na Kharif					
S.N.	**Tipo**	**Tehsil de Mandalgarh**		**Área MEJ**	
		Principais culturas	**Outras culturas**	**Principais culturas**	**Outra cultura**
1	Cereais	Milho e Jowar	Bajra	Milho	Bajra
2	Impulsos	Moong, Urad	Arhar e Mooth		
3	Sementes oleaginosas	Til e noz moída	Soja e rícino	Porca moída	
4	Outros	Algodão e guar	Cana-de-açúcar	Algodão	

Cultura principal em Rabi					
S.N.	**Tipo**	**Tehsil de Mandalgarh**		**Área MEJ**	
		Principais culturas	**Outras culturas**	**Principais culturas**	**Outras culturas**
1	Cereais	Trigo e cevada	Bajra	Trigo	Cevada
2	Impulsos	Grama e feijão-frade	Arhar e Mooth	Grama	
3	Sementes oleaginosas	Mostarda e Taramira	Sementes de linhaça		
4	Outros	Cominho	Ajwain, Alho, Soaf Methi	Alho	

Tab. 5.3 Principais culturas da kharif e da Rabi

Fonte: Statistical Handbook of Bhilwara District (2007) A agricultura é a principal fonte de subsistência das comunidades do projeto. A maioria da população da zona MEJ (mais de 75%) dedica-se à agricultura. Uma grande parte da população das aldeias é composta por pequenos agricultores e agricultores marginais que praticam uma agricultura de subsistência, principalmente para fins de autossuficiência. A caraterística especial da área do projeto é a grande área coberta por culturas ocupadas por grãos alimentares e leguminosas. A agricultura é alternada entre duas estações, Kharif e Rabi. As principais culturas da Kharif são o milho, o jowar e o gowar, que, para além de resistentes, são menos exigentes em termos de água. Algodão, amendoim, urad, moong e grama preta são as outras culturas da Kharif cultivadas nas aldeias MEJ. O trigo é a principal cultura da área MEJ e, além do trigo, Gram, Jo e Sarsav são as outras culturas cultivadas na área do projeto.

Foi muito difícil obter a área semeada em Rabi porque a comunidade informou que isso depende puramente da disponibilidade de chuvas na monção, da época das chuvas e da disponibilidade de chuvas no inverno. Informaram que a área de trigo aumenta se a bacia hidrográfica do rio MEJ receber boas chuvas e também no inverno, mas a área de grama e mostarda aumenta se as chuvas forem insuficientes na bacia hidrográfica do rio MEJ. Em épocas de precipitação média, o trigo é a primeira escolha dos agricultores. Eles preferem o trigo por causa da boa taxa no mercado de trigo, autoconsumo e satisfação das necessidades de forragem.

Rabi		**Quaresma**	
Culturas	**Superfície semeada em Rabi**	**Cultura**	**Superfície semeada em Kharif**
Trigo	3566	Milho	4192
Cevada (Jo)	103	Amendoim	136
Mostarda	402	Algodão	83
Grão-de-bico	35	Arroz	35
Lentilhas	370	Guar	7
Feno-grego	8	Til	341
Lucerna	21	Grama preta	88
Alho	9	Soja	1238
Legumes	2	Jowar	38
		Pimentos	2

Tab. 5.4 Superfície semeada em kharif e Rabi

Nota: - Área em ha.

Fonte: Gabinete de Mandalgarh Tehsil

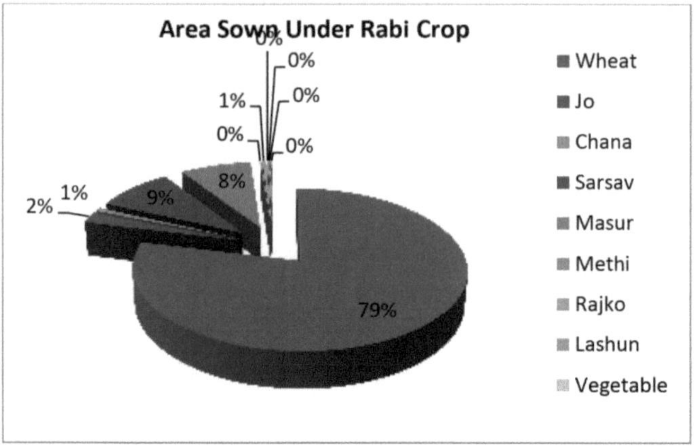

Fig 5.20 Superfície semeada com a cultura Rabi

Área total cultivada em Rabi:-

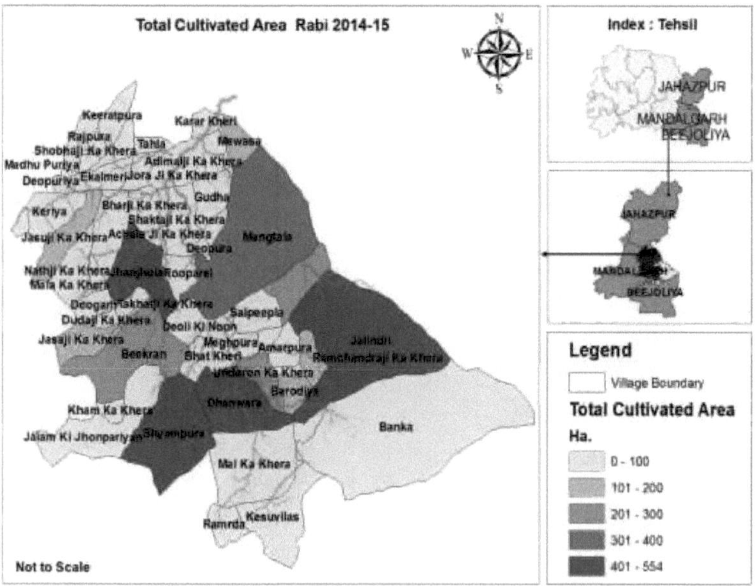

Fig 5.21 Área total cultivada com a cultura Rabi

Fonte: Gabinete de Mandalgarh Tehsil

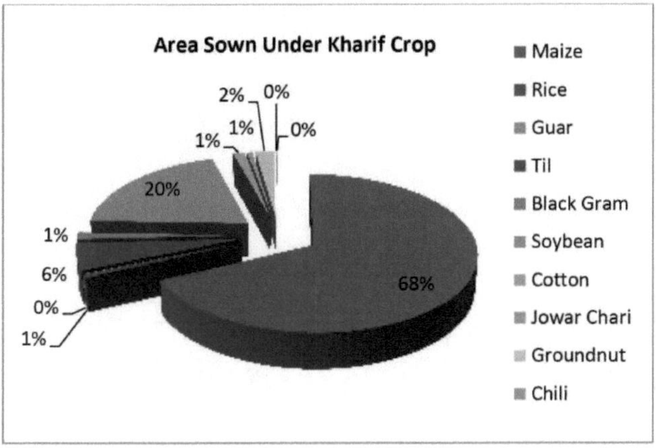

Fig 5.22 Área semeada com a cultura Kharif

Fonte: Gabinete de Mandalgarh Tehsil

Superfície total cultivada em Kharif:-

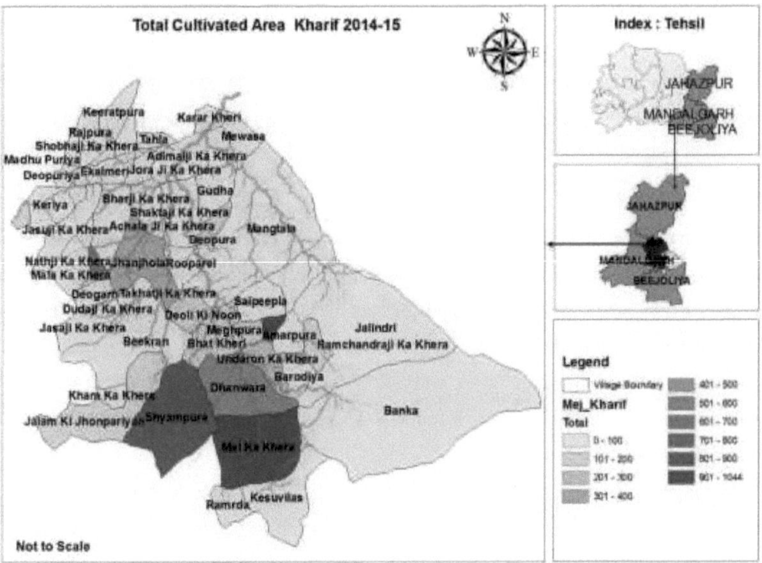

Fig 5.23 Área total cultivada com a cultura Kharif

Fonte:- Gabinete de Mandalgarh Tehsil

5.2.4 Rendimento das principais culturas

O sistema de produção agrícola baseia-se em algumas culturas. O trigo é a principal cultura, com uma produção de 49782 toneladas. Fornece cereais para os seres humanos e forragem para os animais. A produção de milho foi de 6659 toneladas em 2005-06. A grama é outra cultura com uma produção significativa de 1475 toneladas em 2005-06. Assim, a cultura Kharif é dominada por cereais de baixo valor, em especial sementes de algodão e de amendoim. Estas culturas podem ser valorizadas para gerar rendimentos mais elevados para a população local.

O trigo, durante o período de Rabi, ocupa o primeiro lugar na produção de cereais, uma vez que é uma cultura maioritariamente irrigada. A produção de trigo tem flutuado ao longo dos triénios, sendo a produção de 49782 toneladas.

RABI		**KHARIF**	
CROP	**PRODUÇÃO(tom's)**	**CROP**	**PRODUÇÃO(tons')**
Trigo	49782	Milho	6659
Cevada (Jo)	2220	Amendoim	656
Sarsav	21506	Algodão	17
Grama	1475	Outros Kharif	35
Outros Rabi	1523		

Tab. 5.5 Principais culturas da kharif e da Rabi

Fonte: Manual estatístico do distrito de Bhilwara (2007)

O quadro 6.3 apresenta a produção das principais culturas. Durante o período de 2005-2006, a produção de cereais foi de 58661 toneladas. A produção de leguminosas também é irregular. A produção de sementes oleaginosas tem-se mantido mais ou menos estável ao longo dos anos. Durante o período de 2005-2006, a produção de sementes oleaginosas foi de 22162 toneladas.

A produção de Rabi tem como principal cereal o trigo. O pico de produção de trigo foi atingido em 2005-06. A produção de leguminosas é apenas marginal. A produção de Rabi é muito flutuante e a principal razão é a disponibilidade de irrigação, que é escassa. Dadas as condições em que a agricultura é praticada no Tehsil, a produtividade tem sido não só baixa mas também flutuante. A taxa de rendimento das sementes oleaginosas tem sido mais estável, o que se reflecte na sua produção. A taxa de rendimento foi inferior a 750 kg por hectare. O mesmo acontece com a taxa de rendimento das leguminosas secas. Isto não quer dizer que não haja flutuações anuais na taxa de rendimento destas culturas.

Culturas	**2001-02**	**2002-03**	**2003-04**	**2004-05**	**2005-06**
Jowar	768	2	619	650	40
Milho	952	69	850	995	1021
Trigo	1786	1996	1977	2144	2382
Cevada (Jo)	1608	1599	1704	1721	1852
Grama	857	1329	863	962	619
Cana-de-açúcar	5216	2873	5916	7192	10776

Amendoim	796	130	711	604	178
Til	596	36	506	559	74
Algodão	1250	4993	1824	1148	385
Bajra	575	16	548	521	37

Tab. 5.6 Rendimentos das principais culturas

Nota: - Rendimento das principais culturas em kg por ha.

Fonte: Manual de Estatística do Distrito de Bhilwara

Durante a estação kharif, o rendimento de Jowar foi de 40 kg por hectare em 2005-06. O rendimento mais baixo registou-se em 2002-03, com apenas 2 kg por hectare. A Bajra registou o rendimento mais baixo, de 16 kg por hectare, em 200203. As sementes oleaginosas, as leguminosas kharif, as sementes de guar, a traça e todas as outras culturas registaram taxas de rendimento flutuantes ao longo dos anos. Entre todas as culturas da kharif, o algodão destaca-se em termos de produtividade. Se as culturas da kharif apresentam tais tendências nas taxas de rendimento, então o Rabi deve ser mau.

A taxa de rendimento das culturas durante a estação Rabi também está a flutuar. O trigo, que é a principal cultura de Rabi, registou uma taxa de rendimento de 2382 kg por hectare em 2005-06 e o rendimento mais baixo em 200102 (quadro 5.6). A cevada tem um rendimento inferior ao do trigo (1852 kg por hectare em 200506) e o seu rendimento mais baixo foi de 1599 kg por hectare em 2002-03. Entre as sementes oleaginosas, a taxa de rendimento do amendoim e do til oscilou entre 700 kg por hectare em 2001-02 e 550 kg por hectare em 2005-06. Parece que a seca é favorável a uma cultura e não tanto a outra. Esta grande flutuação deve ser motivo de preocupação e a política deve ajudar a controlar esta situação através da tecnologia e da gestão da água.

A produtividade das principais culturas no tehsil de Mandalgarh é baixa. A produtividade e, por conseguinte, a produção das principais culturas alimentadas pela chuva e de culturas como o milho, o amendoim, o algodão e outras culturas da época das colheitas varia em função da precipitação anual.

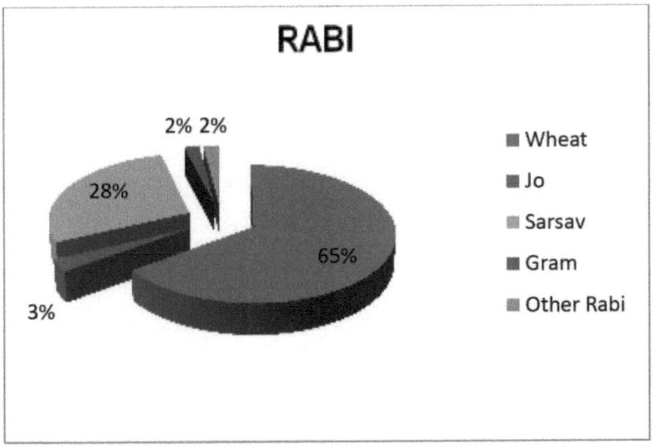

Fig 5.24 Rendimento da cultura Rabi

Fonte: Manual estatístico do distrito de Bhilwara (2007)

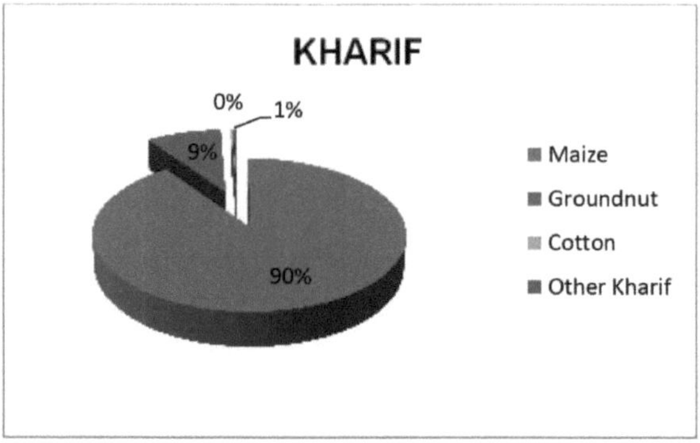

Fig 5.25 Rendimento da cultura Kharif

Fonte: Manual estatístico do distrito de Bhilwara (2007)

Lacunas de dados: - Os dados de produção e rendimento das principais culturas por aldeia não estão disponíveis, pelo que os dados de produção global das principais culturas por tehsil e os dados de rendimento global das principais culturas do distrito de Bhilwara são apresentados nos quadros acima.

5.3 Pecuária

Num país em desenvolvimento como a Índia, os recursos pecuários também desempenham um papel vital. O Rajastão ocupa a primeira posição em termos de número de animais e tem a maior quota de animais do país (20%). A pecuária no distrito de Bhilwara ocupa uma posição proeminente, contribuindo significativamente para a subsistência, a atenuação dos riscos e a angústia dos agricultores. A quota do Estado na produção de leite do país é de aproximadamente 10%. A seguir à agricultura, a atividade leiteira é a mais importante do distrito. Continuará a ser uma atividade dominante até que a agricultura continue a ser o principal pilar das populações rurais.

GADO VIVO	NÃO
Búfalo	33053
Vaca	38783
Ovinos	34962
Cabra	80638
Cavalo	341
Burro	249
Camelo	767
Porco	1153

Quadro 5.7 Pecuária em Mandalgarh

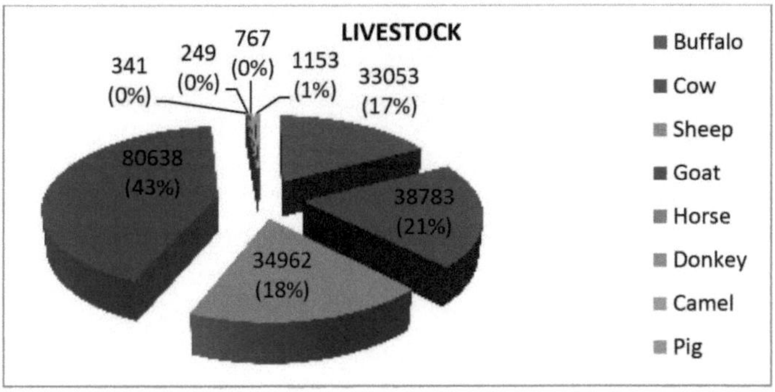

Fig 5.26 Pecuária em Mandalgarh

Fonte: Manual estatístico do distrito de Bhilwara (2007)

A economia da bacia hidrográfica do rio MEJ baseia-se principalmente na agricultura e na pecuária. Existe um bom quantum de recursos animais na bacia hidrográfica do rio MEJ. A produtividade do gado é fraca devido a pequenos rebanhos, população não descritiva, falta de recursos alimentares, problemas de doenças e falta de conhecimentos científicos para a gestão do gado. Existe um grande potencial para o valor acrescentado do leite na região. Como as florestas estão a desaparecer rapidamente, há uma diminuição considerável da produção de forragem, uma vez que a maior parte das zonas rurais é pastoreada a céu aberto.

A comunidade do projeto prefere a vaca na área de captação do rio MEJ. A maioria das pessoas da comunidade tem raças autóctones, cuja produtividade leiteira é muito baixa, mas a comunidade prefere criá-las por motivos religiosos e com a perspetiva de obter um touro das suas vacas. Mais de 80 % dos agricultores têm raças autóctones na zona do MEJ, seguidas de vacas Jersy e alguns agricultores progressistas têm vacas de raça alta.

Os agricultores da bacia hidrográfica do rio MEJ também preferem o búfalo e este é comum em todas as famílias. A comunidade prefere os búfalos devido à sua capacidade de resistência.

Com a continuação da seca, as possibilidades de conservação da água da chuva acima e abaixo do solo diminuíram, uma vez que os tanques tradicionais também foram negligenciados. Na ausência de monções efectivas, o cultivo de culturas é muito difícil na região. Muitos agricultores da zona não são capazes de satisfazer as suas necessidades de subsistência. Os aspectos do sistema de produção agrícola também afectaram as práticas de gestão dos animais leiteiros. Isto deve-se ao facto de as culturas produzirem menos forragem. A maior parte da área é agora cultivada com algodão como principal cultura para a estação Kharif.

A criação de ovinos e caprinos é parte integrante da comunidade rural do Tehsil. A maioria das comunidades pequenas, marginais, sem terra, sem trabalho agrícola e atrasadas dedica-se inteiramente a esta atividade. Trata-se de um bom complemento do rendimento familiar e é facilmente adotado pelas mulheres com poucos gastos financeiros. O Rajastão desempenha um papel muito importante na produção total de carne (30%) e de lã (40%).

A cabra é uma boa fonte de rendimento para o pequeno agricultor. Na área do MEJ, as raças de cabras deshi e

Marwari são as mais numerosas, seguidas das raças de ovelhas Malpura e sonadi. Na bacia hidrográfica do rio MEJ, foram observados dois grandes sistemas de criação de gado. A criação de aves de capoeira é muito limitada, restringindo-se sobretudo a aves de capoeira de quintal em três ou quatro aldeias do projeto. As famílias pobres da área do projeto têm cabras e ovelhas.

Lacunas nos dados: - Os dados sobre o efetivo pecuário ao nível da aldeia não estão disponíveis, pelo que os dados globais sobre o efetivo pecuário do tehsil de Mandalgarh são apresentados nos quadros acima.

Conclusão

A bacia hidrográfica do rio Mej é altamente povoada de acordo com o PCA 2011 (Censo 2011). A área geográfica total da bacia hidrográfica do rio Mej é de 352 km2. A maior parte da bacia hidrográfica do rio Mej é abrangida pelo tehsil de Mandalgarh. A bacia hidrográfica do rio Mej está dividida em duas partes com base na ordem do curso de água, o curso superior e o curso inferior. A densidade populacional é mais elevada na ordem inferior do que na ordem superior.

A altitude da bacia hidrográfica é de 308 a 567 metros. A maior parte da área montanhosa encontra-se na parte sudeste da bacia hidrográfica do rio Mej, enquanto a parte noroeste tem uma elevação mais baixa.

Principalmente na bacia hidrográfica do rio Mej, o tipo de solo é preto médio, enquanto em algumas zonas a nordeste o tipo de solo é preto raso.

A geologia da bacia hidrográfica do rio Mej é constituída por dois tipos de rochas: xisto filítico e arenito. A parte noroeste é constituída por rochas do tipo xisto filítico e a parte restante, em direção a sudeste, é constituída por arenitos.

A precipitação média anual do tehsil de Mandalgarh, Beejoliya e Jahazpur é de 728 mm, 783 mm e 657 mm, respetivamente.

A irrigação e a agricultura estão intimamente ligadas na bacia hidrográfica do rio Mej. O volume total de água utilizado para irrigação é desviado tanto de fontes superficiais como de fontes subterrâneas sob a forma de poços abertos e tubulares na bacia hidrográfica do rio Mej. As duas estações de crescimento e os climas mais frios, bem como o armazenamento limitado de água no curso superior e a disponibilidade de água, são responsáveis por um menor consumo de água para irrigação no curso superior do que no curso inferior.

A parte sudeste da bacia hidrográfica do rio Mej tem maior elevação e maior quantidade de área florestal. De acordo com o mapa LULC, a percentagem de terrenos baldios é também mais elevada na parte sudeste da bacia hidrográfica do rio Mej. Em comparação, a parte noroeste da bacia hidrográfica do rio Mej tem uma elevação mais baixa e uma percentagem mais elevada de terrenos baldios. De acordo com o mapa de uso e ocupação do solo (LULC), a parte noroeste tem uma área mais elevada de pousio atual e de área de kharif.

De acordo com as estimativas do nível médio do mar (MSL), as zonas de elevada altitude têm um nível de água mais raso do que as zonas de baixa altitude. De acordo com o mapa de contorno do lençol freático, a parte sudeste contém um nível de água pouco profundo, o que torna a água facilmente disponível para irrigação através de um sistema de poços abertos. Assim, a irrigação por poço é mais elevada na parte sudeste da bacia hidrográfica do rio Mej. De acordo com o mapa de contorno do lençol freático, a parte noroeste tem um nível de água mais profundo do que a parte sudeste, pelo que a área irrigada por poço e poço tubular é baixa.

A parte sudeste contém uma geologia do tipo areia-pedra e uma elevação mais elevada, o que torna esta zona inadequada para a agricultura. Assim, a prática agrícola é reduzida nesta zona, mas a atividade mineira é elevada.

A visita de campo à aldeia de Jalindri trouxe à tona algumas questões relacionadas com a água potável na aldeia de Jalindri. De acordo com a população da aldeia de Jalindri, o problema da água potável na sua aldeia é causado pelo fluxo contínuo de um poço aberto na aldeia vizinha de Amarpura, uma vez que a água do poço da aldeia de Amarpura não pode ser utilizada para beber, para a agricultura ou para outros fins domésticos.

A conclusão geral indica que a zona noroeste da bacia hidrográfica do rio MEJ tem um elevado teor de cálcio, uma salinidade mais elevada e um elevado TDS (total de sólidos dissolvidos).

Vários departamentos governamentais, ONGs, organizações de investigação que trabalham através de diferentes esquemas para o desenvolvimento rural devem reconhecer o facto de que as organizações comunitárias precisam de ser capacitadas para que possam desenvolver ligações para aceder a esses programas e obter benefícios. A comunidade deve ser capacitada o suficiente para aproveitar os benefícios de potenciais programas em curso como o NREGA.

Bibliografia

http://rajasthanstudy.blogspot.in/2011/01/main-rivers-of-rajasthan.html

http://agcensus.nic.in/

http://cgwb.gov.in/District Profile/Rajasthan/Bhilwara.pdf

http://indiawater.gov.in/imisreports/nrdwpmain.aspx

http://agricoop.nic.in/

http://gdem.ersdac.jspacesystems.or.jp/

http://www.maplandia.com/india/rajasthan/bhilwara/mandal/nature/banas-river/

https://www.data.gov/

https://gramener.com/

http://www.indiastat.com/default.aspx

http://www.awhere.com/

http://farmer.gov.in/

http://hppcb.gov.in/eiasorang/spec.pdf

http://waterresources.rajasthan.gov.in/

http://www.census2011.co.in/

https://www.openstreetmap.org

http://bhuvan.nrsc.gov.in/bhuvan links.php

https://www.google.com/earth/

MIX
Papier aus verantwortungsvollen Quellen
Paper from responsible sources
FSC® C105338

Printed by Books on Demand GmbH, Norderstedt / Germany